KLEIDER & RÖCKE

nähen OHNE SCHNITTMUSTER

Juli 2020

Liebe Katharina!

... und gute ...

Pepi

INHALT

NÄH-BASICS

ALLE MODELLE AUF EINEN BLICK

KLEIDER

RÖCKE

OBERTEILE ZUM KOMBINIEREN

NÄH–BASICS

Einfach großartig: Mit diesem Buch können Sie im Nu aus geometrischen Stoffstücken Ihre eigene kleine Mode-Kollektion zaubern. Das Beste daran ist: Schneidern Sie alle Kleidungsstücke exakt in Ihrer persönlichen Größe!

Die jeweils angegebenen Stoffmengen funktionieren gut bis Größe 42. Für größere Größen und kurvenreiche Figuren finden Sie nachfolgend Tipps, was Sie bezüglich der benötigten Stoffmengen beachten müssen und wie Sie die Passform des Kleidungsstücks für sich optimieren können.

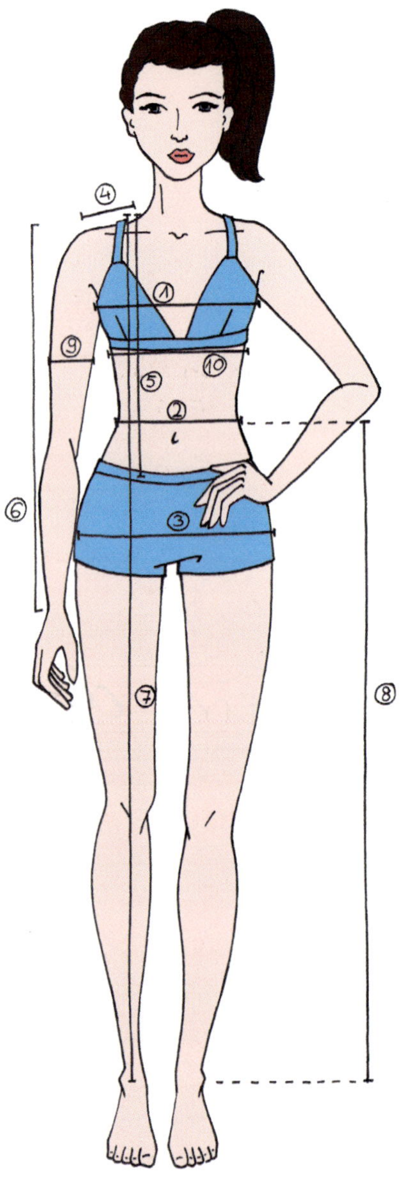

AUSMESSEN

Unsere beiden Zeichnungen zeigen, wie Sie sich oder die Person, für die Sie nähen möchten, korrekt ausmessen. Tragen Sie Ihre Maße in die Tabelle ein, um schnell auf sie zurückgreifen zu können, wenn Sie das nächste Kleidungsstück nähen möchten.

Wichtig ist, dass das Maßband locker ohne Zug an bzw. um die zu messende Körperstelle gehalten wird. Am besten übernimmt eine zweite Person das Maßnehmen, das ist einfacher und genauer. Bitte immer gerade stehen und nicht den Bauch einziehen.

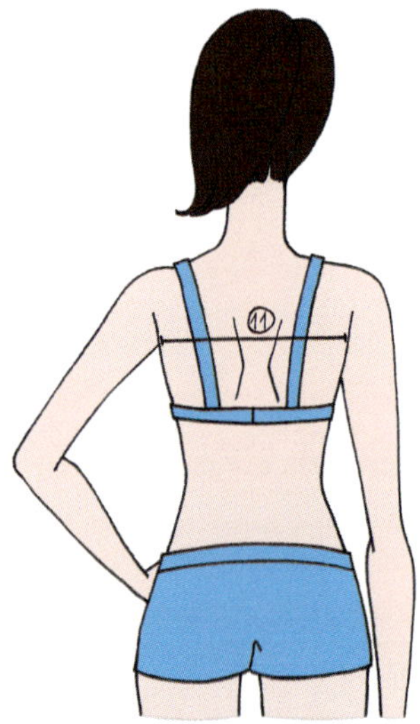

		Ihre Maße in cm
1.	Brustumfang	
2.	Taillenumfang	
3.	Hüftumfang	
4.	Schulterbreite	
5.	Schulter bis Beckenknochen	
6.	Schulter bis Handgelenk	
7.	Schulter bis Fußgelenk	
8.	Taille bis Fußgelenk	
9.	Umfang Oberarm	
10.	Unterbrustumfang	
11.	Rückenbreite	

1. Das Maßband quer über die stärkste Stelle der Brust legen und darauf achten, dass es entlang des Rückens ebenfalls gerade verläuft.

2. Die schmalste Stelle des Bauchs, meist kurz über dem Bauchnabel, ringsherum ausmessen.

3. Die breiteste Stelle über dem Po messen. Nicht auf der Höhe des Beckenknochens, sondern wesentlich weiter unten!

4. Vom Halsansatz bis zum Armansatz messen.

5. Von der Schulter, 2 cm neben dem Halsansatz beginnend, bis zur Höhe des Beckenknochens messen.

6. Vom Armansatz auf der Schulter bis zum Handgelenkknöchel messen.

7. Von der Schulter, 2 cm neben dem Halsansatz beginnend, bis zum Fußgelenk messen.

8. Von der Taille, ca. 2 cm über dem Bauchnabel, bis zum Fußgelenk messen.

9. An der stärksten Stelle des Oberarms ringsherum messen.

10. Die Rückenbreite ca. 12 cm oberhalb der Brustlinie (des BH-Verschlusses), an der breitesten Stelle des Rückens von Armansatz zu Armansatz (dort, wo ein zu enges Oberteil spannt) messen.

ZUSCHNITT

Die Zuschnittskizzen sind so aufgebaut, dass die auszuschneidenden Teile auf dem Gesamtstoff sinnvoll angeordnet sind. Die nebeneinandergezeichneten Stoffstücke dürfen, wenn man die Breiten addiert, insgesamt nicht größer als die Stoffbreite sein. Bei größeren Konfektionsgrößen kann es nötig sein, entsprechend mehr Stoff zu kaufen. Falls Sie unsicher sind, wieviel Stoff Sie exakt benötigen, fertigen Sie sich vorab am besten eine Zuschnittskizze auf Papier im Maßstab 1:10 mit Ihren Maßen an. Ordnen Sie die einzelnen Teile auf einer Stoffbreite von 140 cm (dies entspricht in Ihrer Zeichnung dann 14 cm) an, das ist die übliche Stoffbreite. Auch wenn Sie planen, Ihr Kleidungsstück länger oder kürzer anzufertigen, empfiehlt es sich, die Stoffmenge entsprechend anzupassen.

Bitte waschen Sie Ihre Stoffe möglichst vor dem Zuschneiden, um ein späteres Einlaufen zu vermeiden. Ist das nicht möglich, den kompletten Stoff mit viel Dampf bügeln. Viskosestoffe laufen häufig sehr stark beim Waschen ein. Falls Sie eine Viskose vor dem Nähen nicht waschen konnten, sollten Sie das fertige Kleidungsstück nur mit kaltem Wasser und von Hand waschen. Bitte achten Sie auch bei allen anderen Stoffen auf die Pflegehinweise, um böse Überraschungen auszuschließen.

Den möglichst gewaschenen Stoff vor dem Zuschnitt bügeln und mit der rechten Stoffseite zum Tisch gerichtet ausbreiten. Verwenden Sie eine Kreide, einen Kreidestift oder einen auswaschbaren Markierungsstift für Stoffe, um alle Schnittteile mithilfe von Geometriedreieck, Lineal und Maßband auf die linke Stoffseite zu zeichnen. Falls Sie sich für den Markierungsstift entscheiden, sollten Sie an einer kleinen Stoffecke prüfen, ob sich die Farbe mühelos wieder von Ihrem Stoff entfernen lässt.

Bei komplizierteren Modellen empfiehlt es sich, vorab eine bemaßte Skizze auf Papier zu zeichnen, bevor Sie die Schnittteile auf Ihren Stoff übertragen.

FADENLAUF

Die Zuschnittskizzen in diesem Buch sind so angelegt, dass die Webkanten des Stoffes an der rechten und linken Kante der Zeichnung verlaufen. Oben und unten sind die Schnittkanten des Stoffes. Der gerade Fadenlauf verläuft immer parallel zur Webkante. Achten Sie darauf, dass die einzelnen Stoffteile immer in der gleichen Richtung wie in der Skizze angegeben ausgeschnitten werden, um ein späteres Verziehen des Stoffes zu vermeiden.

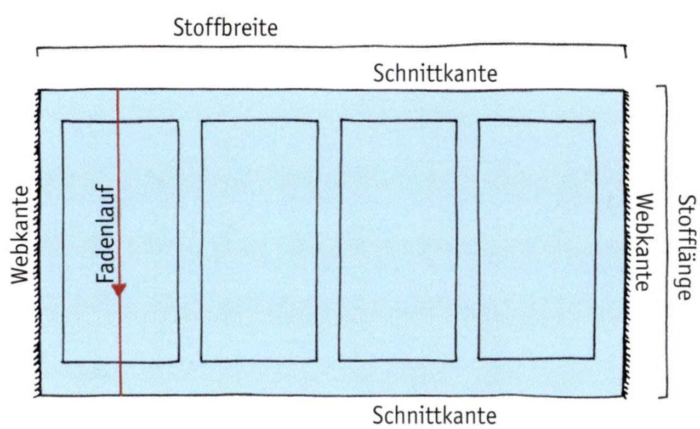

BEISPIEL: SKIZZE FÜR DEN ZUSCHNITT VON VIER RECHTECKIGEN SCHNITTTEILEN

LÄNGEN- UND BREITENANGABEN

Die Strecke von Webkante zu Webkante bezeichnet man immer als Stoffbreite, auch wenn das Stoffstück dann eventuell eine kürzere „Stofflänge" hat. Beim Stoffeinkauf kann man diese Breite nicht beeinflussen, da der Stoff nur der Länge nach vom Stoffballen abgeschnitten wird. In diesem Buch behalten wir dieses System bei. Die Breitenangaben können also gegebenenfalls größer als die dazugehörigen Stofflängen sein. Dies soll aufzeigen, dass die angegebene Breite parallel zur Schnittkante (von Webkante zu Webkante) ausgeschnitten werden soll. Die Länge muss parallel zur Webkante angelegt werden.

NAHTZUGABE

Die Zuschnitt-Beschreibungen der einzelnen Modelle beinhalten stets eine exakte Angabe zur Nahtzugabe. Beachten Sie diese genau und setzen Sie Ihre Nähte entsprechend der Angaben.

BRUCH

Wer viel näht, dem ist die Bezeichnung „im Stoffbruch zuschneiden" bereits geläufig. Diese taucht immer dann auf, wenn symmetrische Teile zugeschnitten werden und ein Schnittmuster an die umgeklappte Stoffkante gelegt wird. Um die Zuschnittskizzen übersichtlich zu gestalten, zeigen unsere Skizzen immer den aufgeklappten Stoff und die gesamten Zuschnitte. Profis können sich natürlich ihren Stoff falten und wie gewohnt im Bruch zuschneiden.

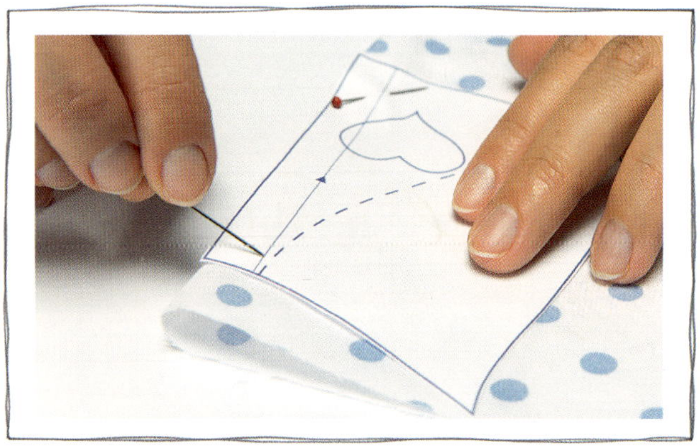

KLEIDUNGSSTÜCK ANPASSEN

Bei den gezeigten Modellen schneiden Sie die Schnittteile entsprechend Ihrer Körpermaße zu und können sie Ihren Wünschen entsprechend anpassen. Deshalb empfiehlt sich bei jedem Teil eine kleine **Anprobe zwischendurch.**

Sobald die ersten Nähte wie Seiten- und Schulternähte geschlossen sind, schlüpfen Sie vorsichtig, damit offene Schnittkanten nicht ausgedehnt werden, in das unfertige Teil und stecken die gewünschte Saumlänge ab. Jetzt können Sie ggf. auch den **Halsausschnitt** und die **Armlöcher nacharbeiten** und in Ihre persönliche Wunschform bringen. Markieren Sie sich hierfür die neue Strecke mit Nadeln. Es reicht, wenn Sie eine der beiden Seiten abstecken. Ist das Teil wieder ausgezogen, wird die neue Linie mit Kreide auf der linken Stoffseite nachgezeichnet. Vergessen Sie nicht, die Nahtzugabe einzuplanen! Dann können Sie die eine Seite nachschneiden und den Abschnitt auf die andere Seite stecken, um dort exakt das gleiche Stück abzuschneiden. Die **neue Saumlänge** wird ringsherum gleichmäßig von der alten Saumlinie aus abgetragen und nach dem Zufügen einer Nahtzugabe abgeschnitten. Falls das Kleidungsstück noch nicht perfekt im Brust- oder im Taillenbereich an Vorder- oder Rückenteil sitzt, können Sie einen **Abnäher** abstecken.

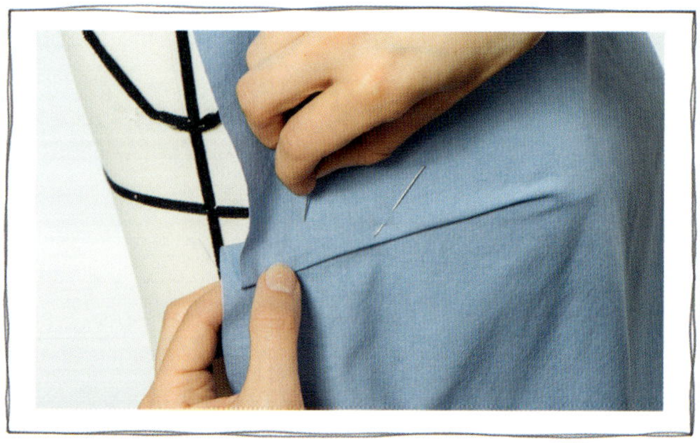

Hierfür fasst man den überschüssigen, „beulenden" Stoff zusammen und näht ein spitz zulaufendes Stück ab. Wie das genau funktioniert, wird im Abschnitt „Abnäher nähen" erklärt.

SCHWIERIGKEITSGRAD

Bei jedem Modell ist ein Schwierigkeitsgrad angegeben, dargestellt durch Sterne. Ein schwarzer Stern bedeutet „einfach", diese Modelle sind relativ schnell umzusetzen, auch für Nähanfänger. Die Modelle, die mit zwei schwarzen Sternen gekennzeichnet sind, haben einen mittleren Schwierigkeitsgrad, sie sind etwas aufwendiger und brauchen mehr Zeit und etwas Übung. Profi-Projekte mit drei schwarzen Sternen setzen bereits einiges an Näherfahrung und Übung voraus.

STOFF-ABC

Beim Stoffkauf sollten Sie im Vorfeld einiges beachten. Denn wie schnell lässt man sich von einem tollen Print oder der schönen Farbe beeindrucken und kauft im Überschwang einen für das geplante Projekt ungeeigneten Stoff. Lesen Sie die Materialbeschreibung genau durch oder wickeln Sie nach Möglichkeit ein kleines Stück von der Rolle, um den Fall und die Beschaffenheit zu prüfen, bevor Sie den Stoff kaufen. Nachfolgend stellen wir Ihnen die gängigsten Stoffqualitäten vor, die auch für die Modelle in diesem Buch verwendet wurden.

Baumwolle

Als sogenannte „Baumwolle" bezeichnet man gewebte Stoffe, die überwiegend oder zu 100% aus Baumwolle bestehen, obwohl die reine Zusammensetzung des Materials eigentlich noch nichts über das „Gesicht" des Stoffes aussagt. Kann doch ein Jeansstoff, ein Frottee oder auch ein hauchzarter Batist aus 100% Baumwolle bestehen. Baumwolle ist eine hautfreundliche Naturfaser, die sich für viele Projekte eignet und sich in der Regel auch von Nähanfängern gut verarbeiten lässt. Baumwolle ist meist griffig und hat einen eher steifen Fall.

Viskose

Viskose ist aufgrund der angenehmen Trageeigenschaften und des weichen Falls ein sehr beliebtes Material. Besonders der fließende Fall macht die Viskose zum perfekten Material für luftige Sommerkleider und Modelle mit Falten oder Raffungen. Aber Achtung: Viskose läuft häufig sehr stark ein! Deshalb unbedingt vorwaschen.

Polyester

Polyester ist eine Chemiefaser. Inzwischen gibt es sehr hochwertige Polyesterstoffe in tollen Farben und Designs, die den Träger nicht mehr ganz so schnell ins Schwitzen bringen. Polyester ist besonders pflegeleicht und farbecht. Aber Vorsicht: Nicht zu heiß bügeln!

Bündchen

Bündchen nennt man auch Rippstrick. Bündchen werden als Saum- oder Ärmelabschluss oder auch entlang der Ausschnittkante eingesetzt. Sie werden stets doppelt gelegt verarbeitet und unter Zug angenäht. Um die richtige Länge für ein Bündchen zu berechnen, müssen Sie den entsprechenden (Saum-) Umfang mit 0,7 multiplizieren. Bitte beachten Sie: Die Bündchenbreite immer doppelt so breit wie die gewünschte fertige Breite zuschneiden.

Jersey

Jersey ist bequem und anschmiegsam und wird nicht nur für sportliche Freizeitkleidung eingesetzt. Jersey ist Strickware und deshalb dehnbar. Man unterscheidet zwischen einem eher festeren Baumwolljersey, dem weich fließenden Viskosejersey und dem dickeren Sweatshirtjersey. Ein Elasthan-Anteil verhindert ein Ausleiern und Ausbeulen des Jerseys. Sie sollten Jersey jedoch nur für Projekte, für die Jersey vorgesehen ist, einsetzen, da die Dehnbarkeit des Materials bei den Schnittmustern oder Zuschnittangaben berücksichtigt werden muss.

Bügeleinlage

„Mit Bügeleinlage verstärken" liest man in fast jeder Nähanleitung. Das bedeutet, dass Sie auf die linke Stoffseite des entsprechenden Stoffstücks eine Bügeleinlage aufbügeln müssen, um diesem Teil des Kleidungsstücks Festigkeit und Formstabilität zu garantieren. Bügeleinlagen gibt es in verschiedenen Farben und Stärken. Informieren Sie sich vorab, welche Bügeleinlage zu Ihrem gewählten Stoff passt.

NÄH-ABC

Geradstich

Mit diesem Stich werden alle festen Nähte gesteppt, er kann in der Länge von 0–5 mm eingestellt werden. Die Stichlänge für normale Nähte liegt zwischen 2 und 3 mm. Der Geradstich ist nicht elastisch.

Stretchstich

Um elastische Materialien wie Jersey zu nähen, muss ein elastischer Stich benutzt werden. So verhindert man, dass die Nähte, die z. B. beim An- und Ausziehen gedehnt werden, aufreißen. Viele Maschinen bieten einen Stretchstich an, dieser verläuft in flachen Zacken. Falls Ihre Nähmaschine keinen Stretchstich anbietet, können Sie mit einem flachen Zickzackstich arbeiten.

Zickzackstich

Damit versäubern Sie die Schnittkanten am Stoff, sodass sie nicht mehr ausfransen können. Der Zickzackstich ist in Länge und Breite variabel einstellbar. Mit weiter Sticheinstellung ist er zum Aufsteppen von Gummilitze geeignet. Mit flacher Einstellung (Stichbreite 0,3–0,5 mm) ist der Zickzackstich der Ersatz bei fehlendem Elastik- oder Stretchstich. Probieren Sie das Aussehen dieser Ersatznaht aber immer auf einem Probestück aus.

Zierstich

Zierstiche basieren meistens auf dem Zickzackstich, einige davon entstehen auch durch Geradstiche oder eine Kombination von beiden. Je nach Art der Nähmaschine kann man bei den Zierstichen auch ganze Namen eingeben und aufsticken. Aufwändige Zierstiche gehören aber nicht zur Standardausstattung einer Nähmaschine und schlagen im Preis zu Buche.

Verriegeln

Damit eine Naht gesichert ist, muss an jedem Nahtanfang und -ende verriegelt werden. Am Anfang der Naht nach den ersten zwei bis drei Vorwärtsstichen die Rückwärtstaste gedrückt halten und zum Stoffanfang zurücknähen. Dann die Taste loslassen, die Naht bis zum Ende fortsetzen und dort den Vorgang wiederholen.

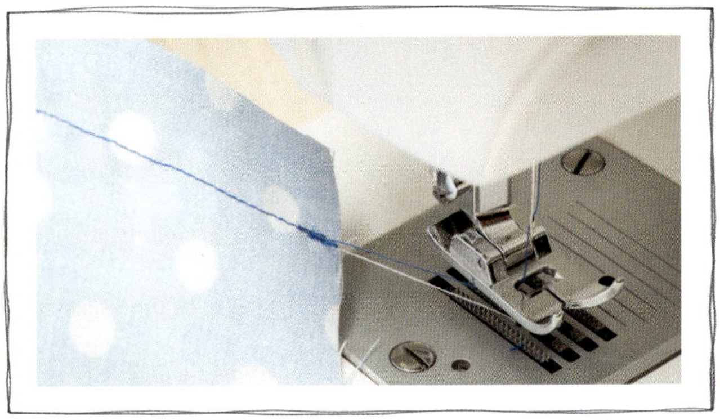

TIPP

Falls sich beim Losnähen der Faden häufig verheddert, die Fadenenden mit der linken Hand festhalten und zu Beginn des Nähens leicht nach hinten ziehen.

Stoff rechts auf rechts legen

Als „rechte" Stoffseite bezeichnet man die obere Seite eines Stoffes, die beim fertigen Kleidungsstück außen liegt. Bei gewöhnlichen Nähten liegen die Stoffteile beim Zusammennähen rechts auf rechts, d.h. die Außenseiten des Stoffes liegen aufeinander und es wird auf der linken Stoffseite genäht. Nach dem Nähen und Wenden liegt die Nahtzugabe so automatisch innen.

Stecken

Vor dem Zusammennähen von zwei Stoffstücken empfiehlt es sich, die beiden Stofflagen exakt Kante auf Kante zusammenzustecken, damit sich die Stoffbahnen während des Nähvorgangs nicht verschieben. Wenn Sie die Nadeln quer zur Naht stecken, lassen sie sich Stück für Stück während des Nähens herausziehen. An schwierigen Stellen können sie sogar stecken bleiben. Dann nähen Sie vorsichtig darüber hinweg und entfernen sie erst nach dem Nähvorgang.

Heften

Wenn Sie unsicher sind, ob die geplante Naht an der richtigen Stelle sitzt, können Sie die Stoffbahnen zunächst heften. Dafür näht man entweder mit einem groben Handstich oder an der Maschine mit einem Geradstich mit der größtmöglichen Stichlänge. Nach der Passformkontrolle setzt man einen normalen Stich darüber und entfernt die lockere Heftnaht. Bei sehr komplizierten oder rutschigen Materialien ist es ebenfalls ratsam, die Nähte zunächst mit Heftnähten zu fixieren.

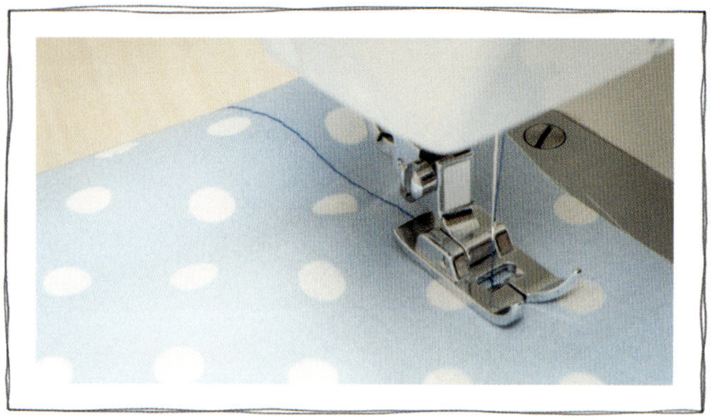

Der nahtverdeckte Reißverschluss

Dieser Reißverschluss zieht sich und damit den Stoff nach innen, sodass der Bereich des Reißverschlusses wie eine Fortsetzung der Naht aussieht. Für den Reißverschluss gibt es spezielle Füßchen. Die Naht unterhalb und oberhalb des Einsatzzeichens des Reißverschlusses muss noch offen sein.

1. Öffnen Sie den Reißverschluss und stecken Sie ihn an einer Nahtzugabe entlang der Markierung rechts auf rechts fest, die Zähnchen sind vom Schlitz weggerichtet. Nun „fädeln" Sie den Anfang des Reißverschlusses in das Füßchen und senken den Nähfuß, die Nadel läuft beim Nähen ganz dicht an den Zähnchen. Steppen Sie die zweite Seite des Reißverschlusses ebenso fest.

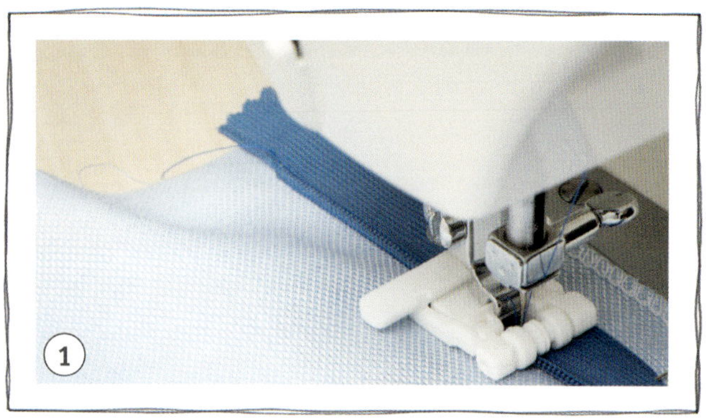

2. Schließen Sie den Reißverschluss. Nun können Sie die Naht unterhalb beziehungsweise oberhalb des Reißverschlusses in Verlängerung der Reißverschlussnähte schließen. Schieben Sie dabei Reißverschlussanfang bzw. -ende beiseite, sodass das Reißverschlussband nicht mitgenäht wird.

Wer keinen speziellen Nahtreißverschlussfuß hat, kann auch mit einem normalen Nähfüßchen arbeiten. Wichtig ist nur, dass Sie direkt in der Rille neben den Reißverschlusszähnchen nähen und dabei nicht mit der Naht in die Zähnchen geraten.

Der Hohlsaumstich

Diesen Stich benötigen Sie zum Festnähen von Säumen, dabei sind die Stiche auf der rechten Seite so gut wie nicht zu sehen. Gearbeitet wird von rechts nach links. Schlagen Sie die mit Zickzackstich (s. S. 8) oder Zackenschere versäuberte Saumkante einmal nach innen um und fixieren Sie den Faden an der Innenseite mit einigen Stichen. Machen Sie einen sehr kleinen Stich über wenige Gewebefäden etwa 6 mm nach links versetzt wenig oberhalb des Umschlags in die linke Stoffseite; der Stich darf dabei nicht durch den Stoff gehen. Dann setzen Sie den nächsten Stich etwa 6 mm nach links versetzt in den Umschlag, dabei stechen Sie von unten nach oben durch die versäuberte Kante. Die Stiche über die gesamte Saumlänge wiederholen.

Gesteppter Saum

Eine einfache Saumvariante ist der gesteppte Saum. Entweder den Saum versäubern, nach innen bügeln und absteppen oder den Saum zweimal nach innen einschlagen und absteppen. Achten Sie auf die vorgesehene Nahtzugabe Ihres Modells.

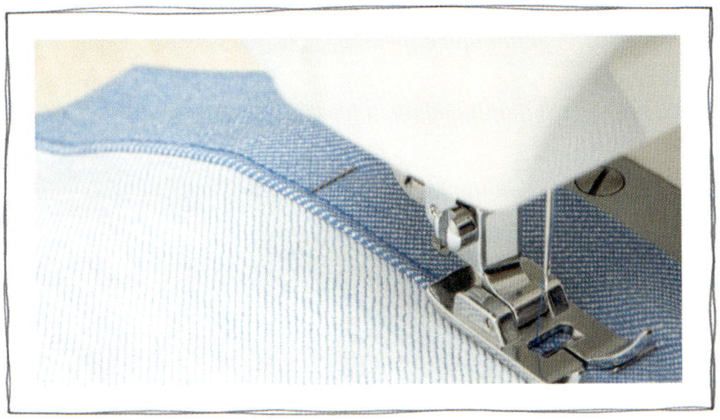

Smok-Technik: dekorativ eingereiht

1. Wählen Sie einen elastischen, dünnen Gummifaden, farblich passend zu Ihrem Projekt. Den Gummifaden auf die Unterfadenspule spulen und in die Spulenkapsel setzen. Evtl. die Fadenspannung etwas anpassen. Je fester die Unterfadenspannung an der Spulenkapsel eingestellt ist, desto stärker wird die Raffung. Als Oberfaden ein gewöhnliches Polyestergarn verwenden.

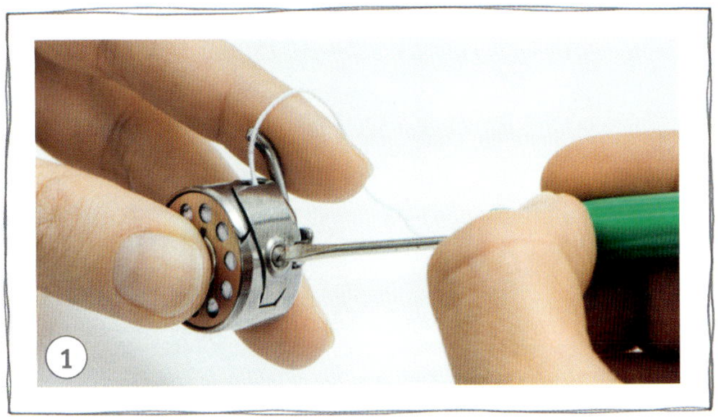

2. Einen leichten Zickzackstich einstellen. Den Stich und die resultierende Raffung an einem Reststück des Originalstoffs prüfen. Nähen Sie mehrere Linien in gleichmäßigem Abstand entlang der zu raffenden Partie, die rechte Stoffseite liegt dabei oben. Gegebenenfalls eine Kreidelinie vorzeichnen. An Nahtanfang und -ende nicht verriegeln, sondern die Fadenenden im Anschluss verknoten.

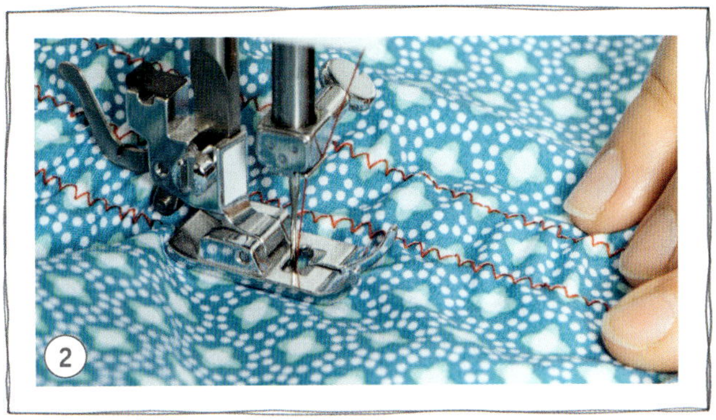

Eingeschlagene und gesteppte Nahtzugabe

Die eingeschlagene und gesteppte Nahtzugabe ist eine Möglichkeit der Kantenversäuberung. Dafür sollten Sie 1,5 cm Nahtzugabe einplanen. Zunächst die Naht schließen und die Nahtzugabe auseinanderbügeln. Dann die offene Kante der Nahtzugabe nach innen schlagen und erneut bügeln. Jetzt die umgebügelte Nahtzugabe entlang der äußeren Kante steppen. Die Steppung ist außen sichtbar und kann mit einem Garn in Kontrastfarbe genäht werden.

Raffen mit der Reih- oder Kräuselnaht

Beim Einreihen oder Kräuseln wird viel Mehrweite einer Stoffkante gerafft und so zusammengeschoben, dass kleine, weiche Fältchen entstehen.

1. Steppen Sie mit Stichlänge 4–5 mm innerhalb der Nahtzugabe zwei parallele Reihnähte. Die Fadenenden etwa 10 cm lang herabhängen lassen. Verknoten Sie an einem Ende beide Ober- oder Unterfäden dicht an der Stepplinie miteinander. Am anderen Ende beide Ober- oder Unterfäden fest anziehen, sodass sich die Stoffweite zusammenschiebt. Haben Sie die gewünschte Länge der gekräuselten Kante erreicht, verknoten Sie auch hier die Fäden dicht an der Stepplinie.

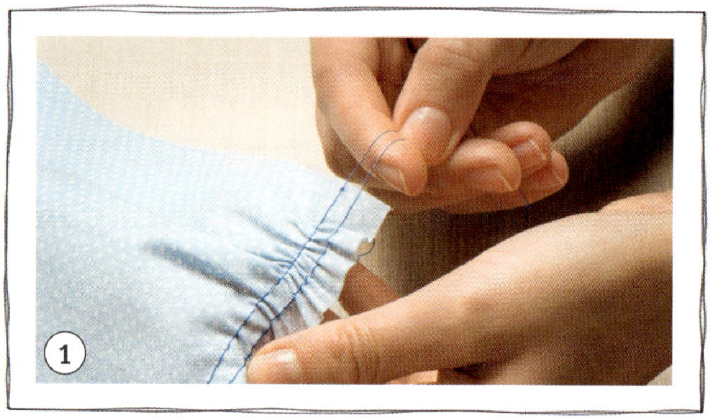

2. Die Mehrweite gleichmäßig durch Schieben auf die gesamte Länge verteilen. Zwischen den beiden Stepplinien entstehen senkrechte Fältchen. Jetzt die gereihte Kante auf das glatte Gegenstück steppen.

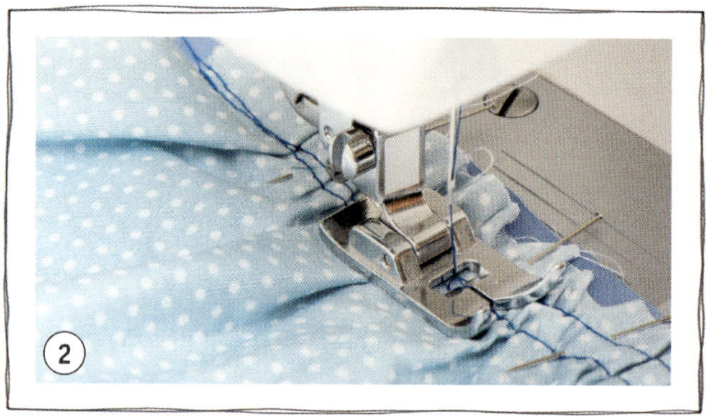

Mit Schrägband einfassen

a) Fertig vorgefaltetes Schrägband

1. Stecken Sie das Band aufgefaltet rechts auf rechts auf die Stoffkante. Die Naht im Bügelbruch des Schrägbandes steppen.

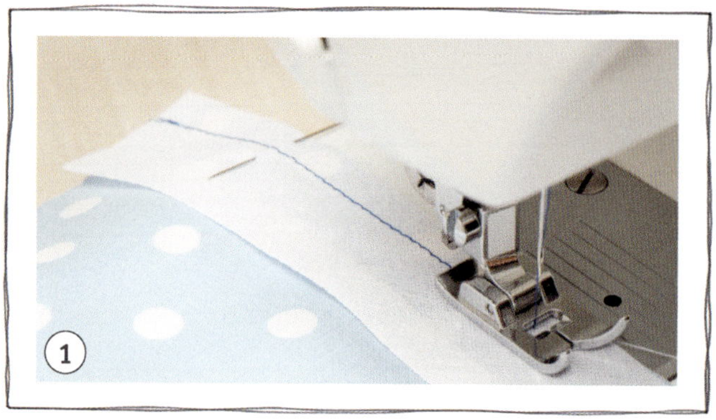

2. Klappen Sie das eingefaltete Schrägband um die Kante auf die linke Seite, bügeln Sie es um und stecken Sie es so fest, dass die Bruchkante 1 mm über die Nahtansatzkante hinausragt. Evtl. heften und von der rechten Seite aus in der Nahtansatzkante (= Nahtschatten) oder schmalkantig auf dem Schrägband steppen.

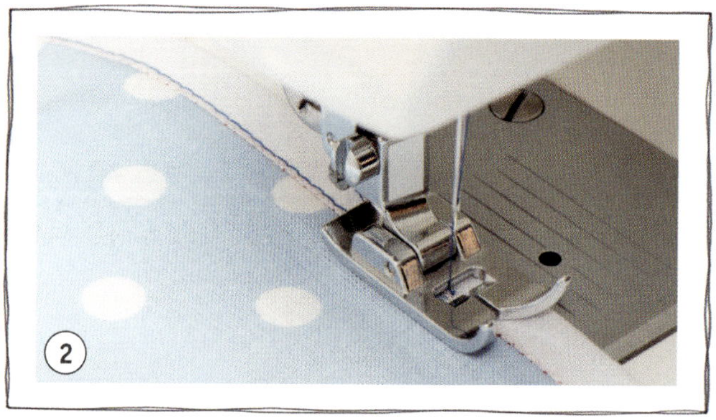

b) Schrägband selbst anfertigen

Mit einem Schrägbandformer ist das Band im Handumdrehen passend zum Oberstoff gemacht.

Schneiden Sie das Band im schrägen Fadenlauf zu. Die Breite des Streifens richtet sich nach der Größe des Schrägbandformers. Schieben Sie den Anfang des Bandes in den Schrägbandformer und ziehen Sie etwas Band durch. Das fertig gefaltete Band mit dem Bügeleisen fixieren, während Sie den

Schrägbandformer am Bügel langsam weiter bis zum Bandende ziehen, das Bügeleisen folgt dem Former. Anschließend die längs laufenden Bruchkanten aufeinanderfalten und bügeln.

c) Schrägband nach innen gesteppt

Diese Variante nutzt man, um Hals- oder Armlöcher einzufassen. Einen 2,5 cm breiten Stoffstreifen im schrägen Fadenlauf in der Länge der zu versäubernden Kante zuschneiden. Den Streifen rechts auf rechts bei 7 mm annähen. Dann die Nahtzugabe und den restlichen Streifen nach innen auf die linke Stoffseite bügeln, die offene Stoffkante unterschlagen. Das so entstandene Schrägband parallel zur Stoffkante annähen.

Bügeln

Nach jedem Nähschritt sollten Sie die genähte Naht im Stoff versenken, indem Sie die Nahtzugabe von der linken Stoffseite aus in eine Richtung bügeln. Am besten funktioniert dies mit Dampf. Achten Sie dabei auf die Angaben zur Bügeltemperatur Ihres Stoffs.

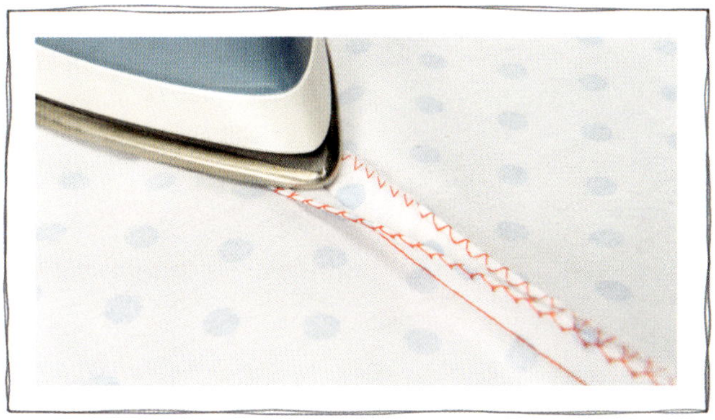

Rollsaum mit der Overlockmaschine

Der Rollsaum wird oft als Saumabschluss für Röcke oder Kleider eingesetzt. Die dreifädige Overlocknaht ist sehr eng und wellt sich je nach Material und Einstellung mehr oder weniger stark. Es entsteht eine verspielte, romantische Optik.

Die linke Nadel entfernen, den Differentialtransport auf die kleinste Stufe stellen, die Fadenspannung auf die größte, und je nach Maschinentyp einen Hebel umklappen. Bitte unbedingt die Anweisungen in der Bedienungsanleitung Ihrer Maschine beachten. Den Saum ringsherum nähen, dabei sehr wenig Stoff mit dem Overlockmesser abschneiden, sodass der Stich nicht ins Leere geht, was aufgrund des schmalen Stichbilds rasch passiert. Zurück am Beginn der Naht ca. 3–4 cm über den Anfang hinausnähen und das Fadenende verknoten.

Paspelband einfassen

1. Das Paspelband auf die rechte Seite des einen Stoffteils legen und mit einem Reißverschlussfüßchen so nah wie möglich an der gefüllten Paspel nähen.

2. Dann das zweite Stoffteil rechts auf rechts auf das erste stecken. Die Stoffteile umdrehen, sodass die linke Stoffseite des ersten Stoffteils oben liegt und die erste Naht sichtbar ist. Dann exakt entlang der ersten Naht nähen.

INFO

Gefüllte Paspeln sind in vielen Farben erhältlich. In der Mitte befindet sich eine dünne Schnur, die beim Annähen für eine erhabene Rundung bzw. für Volumen sorgt.

Abnäher nähen

1. Legen Sie die Markierungen des Abnähers rechts auf rechts aufeinander und fixieren Sie die Stofflagen mit Stecknadeln. Steppen Sie den Abnäher vom breiten Ende zur Spitze und lassen Sie ihn an der Spitze flach auslaufen. Sichern Sie Nahtanfang und -ende mit Rückstichen und lassen Sie die Fadenenden an der Abnäherspitze ca. 10 cm lang herabhängen.

2. Zur Sicherheit die beiden Fadenenden an der Spitze zu einer Schlinge verknoten. Dafür stecken Sie eine Nadel in die Spitze des Abnähers und verknoten die Fäden um die Nadel herum. Dann die Fäden dicht am Knoten abschneiden und zuletzt die Nadel entfernen.

3. Bügeln Sie den Abnäher von der linken Seite bis zur Spitze. Anschließend bügeln Sie den Abnäher von der rechten Stoffseite aus. Generell gilt: Senkrechte Abnäher werden zur vorderen bzw. rückwärtigen Mitte gebügelt, waagerechte Abnäher nach unten.

ALLE MODELLE AUF EINEN BLICK

Kleid mit Flügelärmeln
S. 16–19
Mädchenhaftes Minikleid in Wickeloptik mit kurzen, weich fallenden Ärmeln

Edles Vokuhila-Kleid
S. 20–23
Trendiger Vorne-kurz-hinten-lang-Schnitt mit kontrastfarbigem Gummibund und Wickeloptik

Kleid mit Smok-Taille
S. 24–26
Zeitlos-schlicht und elegant: ärmelloses Mini-Kleid mit dekorativer Taillenraffung

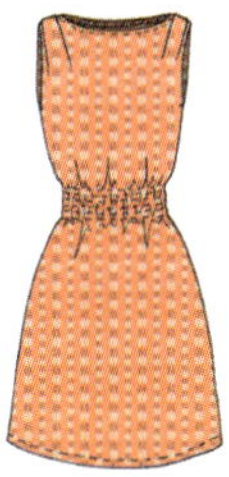

Maxikleid – Maxiwirkung
S. 27–29
Knöchellang und weich fallend mit angeschnittenen Ärmeln und elegantem V-Ausschnitt

Jerseykleid mit Wasserfall-Ausschnitt
S. 30–33
Tolles Allround-Piece in Mini-Länge mit 3/4-Fledermausärmeln und locker fallendem Ausschnitt

Sommerliche Tunika
S. 34–37
Luftig-weit geschnitten mit Tunnelzug und Absteppungen sowie kontrastfarbigen Einfassungen und Einsätzen

Eleganter Bahnenrock
S. 38–40
Eleganter, figurbetonter, gerader Schnitt im Business-Look

Wickelrock mit Knopfleiste
S. 41–43
Glockig fallender Schnitt mit Schmuckknopfleiste und bequemem Sitz dank Gummibund und Druckknopfverschluss

Boho-Maxirock
S. 44–47
Hello Hippie! Bodenlanges It-Piece im lässigen Boho-Stil mit farblich abgesetzten Stufen

Tellerrock mit Schwung
S. 48–50
Die 50er-Jahre lassen grüßen! Weit schwingend mit eindrucksvollem Black-and-White-Streifenmuster

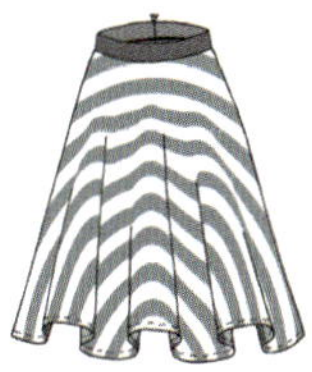

Sportlicher Jerseyrock
S. 51–53
Lässig-bequemer Tube-Schnitt mit hohem Taillenbündchen, Saumbündchen und Eingriffstaschen

Shirt mit U-Boot-Ausschnitt
S. 54–56
Gerade geschnittenes Alltime-Lieblingsshirt mit breitem U-Boot-Ausschnitt und dekorativ geschlitzten Schultern

Sommertop
S. 57–59
Raffiniert gelegte Schulterfalten, locker-gerader Schnitt und eleganter V-Ausschnitt: ein echtes Styling- und Kombi-Wunder

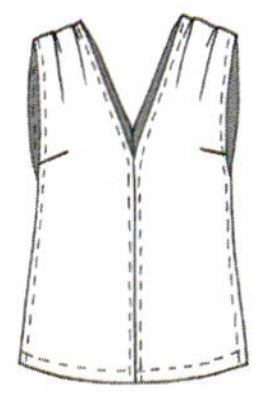

Lässiger Cardigan
S. 60–63
Der perfekte Begleiter für jeden Tag und jedes Styling dank geradem Fall, lässig überschnittenen Schultern und dekorativer Blendenkante

KLEID MIT FLÜGELÄRMELN

SCHWIERIGKEITSGRAD: ★★★

Das romantisch gepunktete Sommerkleid mit Flügelärmeln ist ein echter Klassiker. Verwenden Sie eine dünne Baumwolle, Viskose oder, wenn Sie schon viel Erfahrung mit dem Nähen haben, einen Seidensatin, um einen schönen Fall zu erzielen.

MATERIAL

- Viskose-, Baumwollstoff oder Seidensatin, 140 cm breit, 150 cm lang
- Spitzenborte, ca. 1,5 cm breit, 120 cm lang
- Gummiband, 7 mm breit, 100 cm lang
- Bügeleinlage, 90 cm breit, 20 cm lang
- farblich passendes Garn

SO WIRD'S GEMACHT

MESSEN:

- Die Strecke Schulter bis Unterbrustlinie
- Brustumfang
- Die Strecke Unterbrustlinie bis Hüfte
- Hüftumfang

ZUSCHNEIDEN (ABB. 1):

2x Vorderteil (davon 1x seitenverkehrt):

A: Länge = Schulter bis Unterbrustlinie

B: Breite = Brustumfang : 4 + 15 cm

Vom Endpunkt der Linie B 12 cm im rechten Winkel nach oben zeichnen, dann 6 cm im rechten Winkel nach innen zeichnen und eine weitere Linie (G) im rechten Winkel nach oben einzeichnen. Eine Linie vom Endpunkt von Linie A im rechten Winkel zur Linie G ziehen. Eine diagonale Linie von Ecke zu Ecke einzeichnen. Die eine der beiden oberen Ecken so abschrägen, dass die Länge der schrägen Linie 7 cm ergibt, anschließend eine Nahtzugabe von 1 cm (gestrichelte Linie) hinzufügen (ergibt Linie H).

1x Rückenteil:

A: Länge = Schulter bis Unterbrustlinie

C: Breite = 1/2 Brustumfang + 5 cm

Von den Endpunkten der Linie C 12 cm im rechten Winkel nach oben zeichnen, dann 6 cm im rechten Winkel nach innen zeichnen und eine weitere Linie (F) im rechten Winkel nach oben einzeichnen. Von beiden Seiten aus 3,5 cm Richtung Mitte zeichnen. Von der Mitte aus (evtl. die Mittellinie als Hilfslinie markieren, siehe Abb.) 3 cm nach unten messen und ein flaches rückwärtiges Halsloch einzeichnen (blaue Markierung).

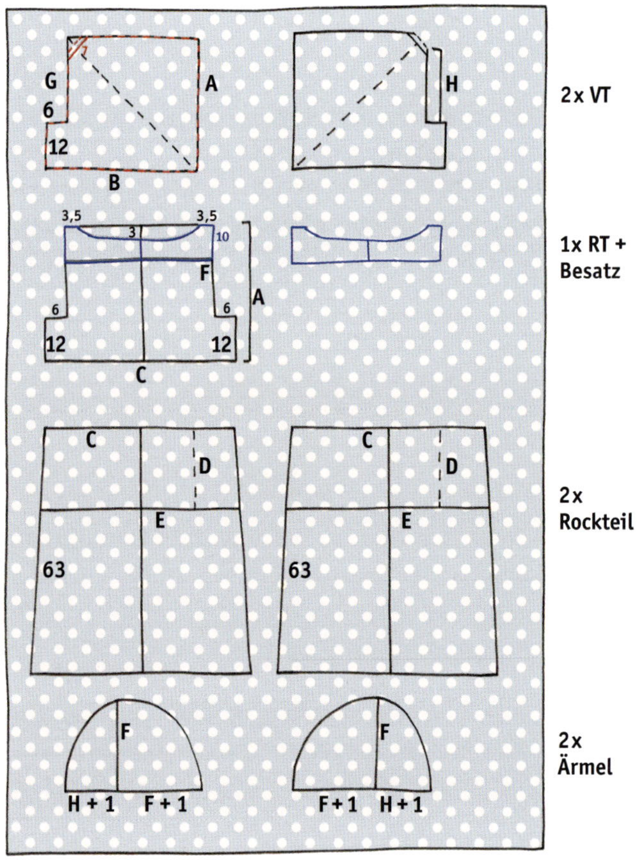

– ABB. 1 –

2 x Rockteil:

C: Breite = 1/2 Brustumfang + 5 cm, mittig eine senkrechte Linie einzeichnen

D: Unterbrustlinie bis Hüfte

E: 1/2 Hüftumfang + 6 cm; gleichmäßig zu beiden Seiten von der Mittellinie abtragen

Die Länge von 63 cm über die Endpunkte von C und E einzeichnen.

2 x Flügelärmel (davon 1x seitenverkehrt):

Die Strecken H + 1 cm und F + 1 cm nebeneinander als gerade Linie zeichnen und am Übergang die Strecke F im rechten Winkel nach oben einzeichnen. Über die Endpunkte der Linien einen gleichmäßigen Bogen ziehen.

2 x Besatz Rückenteil (blaue Markierung Abb. 1; davon 1x aus Bügeleinlage):

Den oberen Teil des Rückenteils inklusive Halsloch übertragen und 10 cm an der Linie F nach unten messen. Die beiden Eckpunkte mit einer geraden Linie verbinden.

Den Besatz mit Bügeleinlage verstärken.

Alle Nahtzugaben sind inklusive und betragen 1 cm, die Saumzugabe beträgt 2 cm.

TIPP

Für einen sportlichen Look können Sie auf die Spitzenborte entlang der Ausschnittkante und auf die Flügelärmel verzichten.

KLEID MIT FLÜGELÄRMELN

1. Die Oberkante und Strecke A der Vorderteile und die gerade Unterkante des Besatzes versäubern. Die restliche Bügeleinlage in einen 3 cm breiten Streifen schneiden und über die diagonale Linie auf die linke Stoffseite der Vorderteile bügeln (Abb. 2a). Die Vorderteile entlang der diagonalen Linie links auf links falten und bügeln (Abb. 2b). Die Vorderteile rechts auf rechts auf das Rückenteil stecken, die abgeschrägte Ecke an die Schulterlinie des Rückenteils nähen. Die Seitennähte schließen und versäubern (Abb. 2c). Die überlappenden Vorderteile parallel zur unteren Kante knappkantig vorfixieren (Abb. 2c, rot gestrichelte Linie).

– ABB. 2 –

2. Den Besatz auf die linke Seite der Vorderteile legen und erneut entlang der Schulternähte und zusätzlich entlang des rückwärtigen Halslochs nähen (Abb. 3a). Die Nahtzugabe entlang des gerundeten Halslochs einschneiden, den Besatz auf das Rückenteil klappen und glatt bügeln.

3. Die gebogene Außenkante der Flügelärmel zweimal 5 mm nach innen bügeln und absteppen oder mit Rollsaum versäubern, in diesem Fall 1 cm wegschneiden. Den Flügelärmel rechts auf rechts an das Armloch nähen, dabei je 1 cm über die Ecke hinausnähen. Die Nahtzugabe in den Ecken schräg einschneiden (Abb. 3b).

– ABB. 3 –

Die Nahtzugaben der Ärmelnaht und des unteren geraden Armausschnitts versäubern. Die Nahtzugabe des Armausschnitts nach innen bügeln und von außen absteppen. Die Nahtzugabe der Ärmelnähte in Richtung Kleid bügeln und von außen knappkantig neben der Naht feststeppen. Die Spitzenborte knappkantig von links entlang der Ausschnittkante annähen.

4. Die Seitennähte der Rockteile rechts auf rechts schließen und versäubern. Das Oberteil rechts auf rechts rings um das Rockteil stecken. Das Rockteil ringsherum annähen und versäubern. Das Gummiband auf Unterbrustumfang zuschneiden. Die Strecke des Gummibands und die der genähten waagerechten Teilungsnaht des Kleides jeweils in vier gleich große Abschnitte unterteilen und diese Punkte mit Nadeln markieren. Die markierten Abschnitte aufeinanderstecken, dabei das Gummiband auf die Nahtzugabe stecken. Die Überweite des Gummibands gleichmäßig verteilen und mit Nadeln fixieren (Abb. 4). Das Gummiband unter gleichmäßigem Zug rundum an die Nahtzugabe nähen. Den Saum des Rocks zweimal 1 cm nach innen bügeln und absteppen.

– ABB. 4 –

EDLES VOKUHILA-KLEID

SCHWIERIGKEITSGRAD: ★★★

Vorne kurz, hinten lang ist wieder voll im Trend! Allerdings nur bei Kleidern und Röcken! Dieses raffinierte Kleid mit Wickeloptik am Rock und geradem T-Shirt-Oberteil funktioniert am besten mit einer fließenden Viskose oder einem Seidensatin. Das Hüftbündchen muss elastisch sein.

MATERIAL

- Viskosestoff oder Seidensatin, 140 cm breit, 180 cm lang
- Bündchen, im Schlauch gestrickt oder 140 cm breit
- Zierknopf
- farblich passendes Garn

SO WIRD'S GEMACHT

MESSEN:

- Hüftumfang
- Die Strecke Schulter bis Beckenknochen
- Körperumfang 7 cm unterhalb der Taille

ZUSCHNEIDEN (ABB. 1):

2x Rockteil (davon 1x seitenverkehrt):

Im rechten Winkel zur Webkante eine Linie ziehen.

r = (Hüftumfang + 2) : 3,14

Die Innenkreislinie des Halbkreises einzeichnen. Die vordere Mitte (VM) im rechten Winkel zur waagerechten Linie einzeichnen und auf 42 cm ab der Innenkreislinie verlängern. Die Seitennahtlinie (SN1) im 45°-Winkel abtragen und auf 60 cm verlängern. Die hintere Mitte (HM) auf 80 cm verlängern. Den Rocksaum über die Endpunkte der Linien verbinden und ab der vorderen Mitte in einem fließenden Bogen auf der Innenkreislinie vor der zweiten Seitennahtlinie einlaufen lassen. SN2 wird ebenfalls im 45°-Winkel eingezeichnet, Länge optional. Achtung: SN2 dient lediglich der Orientierung! Die Nahtzugabe von 1 cm (gestrichelte Linie) an die Innenkreislinie und die hintere Mitte (HM) zeichnen.

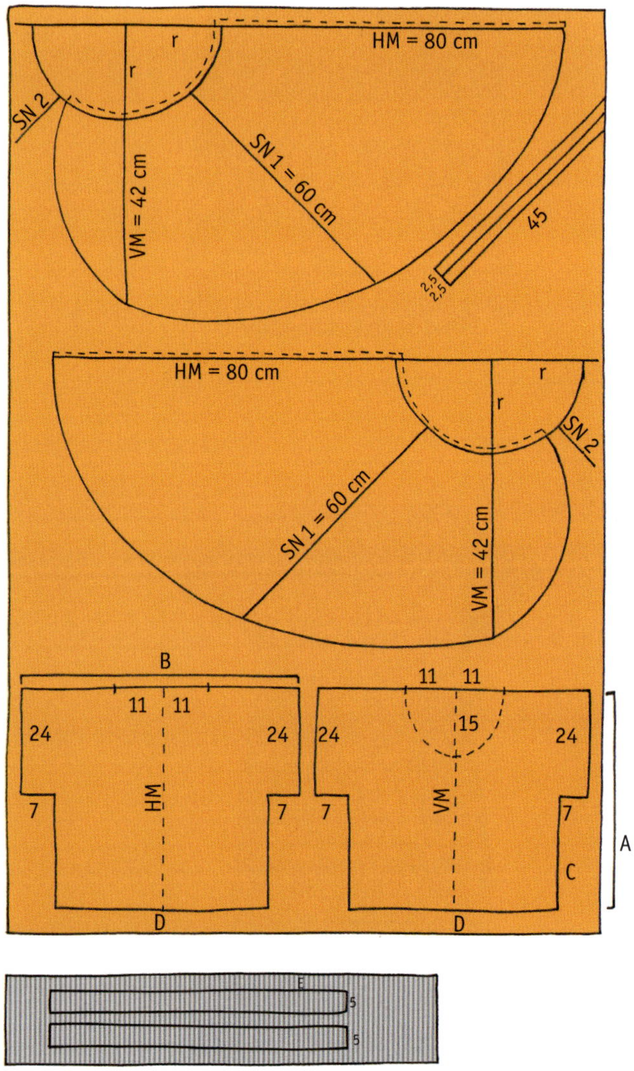

– ABB. 1 –

2 x Vorder- bzw. Rückenteil:

A: Länge = Schulter bis Beckenknochen

B: Breite = 1/2 Hüftumfang + 2 cm + 14 cm

C = A – 24 cm

D: Unterkante = 1/2 Hüftumfang + 2 cm

Für die Ärmel: Vom Endpunkt der Linie C im rechten Winkel 7 cm nach außen zeichnen, dann wieder im rechten Winkel 24 cm nach oben. Auf Vorder- und Rückenteil die Mittellinien (VM und HM) einzeichnen. An der Oberkante je 11 cm von der Mittellinie zu beiden Seiten messen. Am Rückenteil diese Punkte durch einen sog. Knips (= 2 mm langer Quereinschnitt in die Stoffaußenkante) markieren. Am Vorderteil an der Mittellinie 15 cm nach unten messen und das Halsloch gerundet einzeichnen.

2 x Schrägband:

je 2,5 cm breit, 45 cm lang (aus dem Stoffrest im 45°-Winkel zur Webkante zuschneiden)

2 x Bündchen:

E: Breite = Körperumfang 7 cm unterhalb der Taille + 2 cm Nahtzugabe

Länge = 5 cm

Die Nahtzugaben sind inklusive und betragen 1 cm.

EDLES VOKUHILA-KLEID

1. Die Schulter- und Seitennähte inklusive der unteren Ärmelnähte des Oberteils und die hintere Mitte (HM) der beiden Rockteile rechts auf rechts schließen und versäubern (Abb. 2). Die Ärmelsäume zweimal knappkantig nach innen bügeln und absteppen. Die Ärmel nach Belieben doppelt nach außen krempeln und mit einigen Stichen an Seiten- und Schulternaht fixieren.

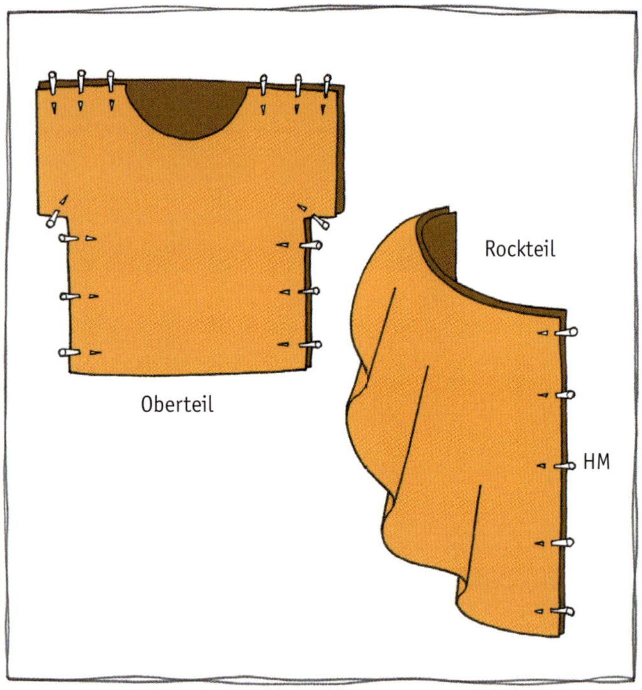

– ABB. 2 –

2. Das Halsloch 1 cm von der Kante entfernt ringsum ausmessen und die Schrägbänder auf die entsprechende Länge rechts auf rechts zu einem Ring zusammennähen. Das Schrägband rechts auf rechts um das Halsloch nähen (Abb. 3a). Das Schrägband auf die linke Seite bügeln und die offene Kante unterschlagen und bügeln (Abb. 3b). Das Schrägband rings um das Halsloch absteppen.

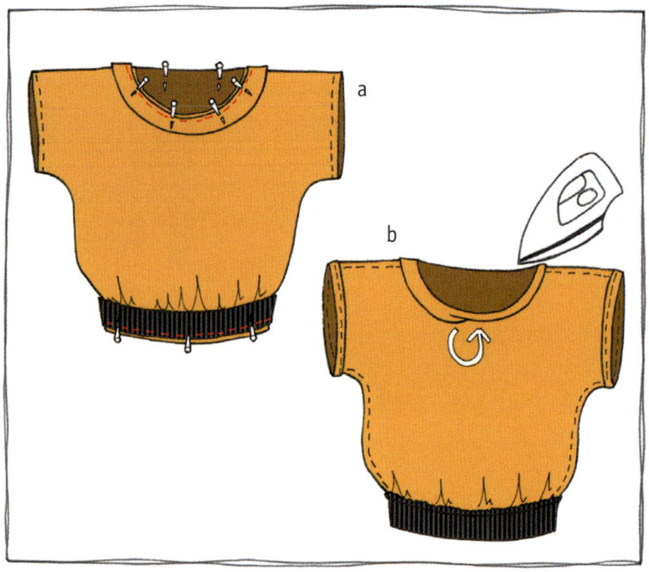

– ABB. 3 –

3. Die kurzen Seiten der Bündchen jeweils rechts auf rechts zusammennähen, sodass zwei Ringe entstehen. Die Bündchen links auf links ringsherum aufeinanderlegen. Die Strecken rings um Bündchen und Oberteilsaum jeweils in vier gleich große Abschnitte unterteilen und diese Punkte mit Nadeln markieren. Die Bündchen über das Oberteil stülpen, die Bündchen liegen dabei auf der rechten Stoffseite. Alle offenen Kanten sind nach außen gerichtet. Die Naht des Bündchens an der Seitennaht platzieren. Die markierten Abschnitte aufeinanderstecken. Die Überweite des Oberteils gleichmäßig ringsherum verteilen und mit Nadeln fixieren (Abb. 3a). Die Bündchen unter gleichmäßigem Zug rundum annähen.

4. Den Saum des Rocks zweimal knappkantig nach innen bügeln und absteppen. Die vorderen Mitten aufeinanderstecken und die überlappenden Stoffe entlang der oberen Kante knappkantig vorfixieren. Die Strecken von Bündchenunterkanten und Rockoberkante erneut unterteilen. Das Oberteil mit dem angenähten Bündchen rechts auf rechts über den Rock stülpen, alle offenen Kanten sind dabei nach außen gerichtet, und wie in Schritt 3 beschrieben annähen. Den Zierknopf an das Bündchen nähen.

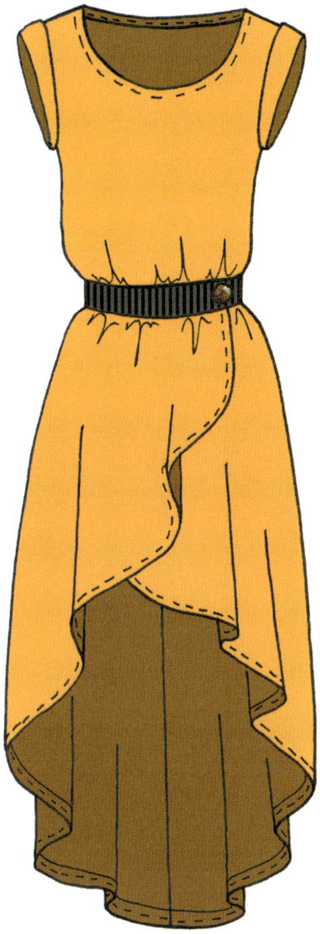

TIPP

Sie können dieses Modell auch in einen Rock umwandeln, indem Sie einfach das Oberteil weglassen. Dafür das Bündchen länger (ca. 20 cm) zuschneiden und der Länge nach mittig falten. Wer eine gleichmäßige Saumlänge bevorzugt, trägt an Seitennaht und hinterer Mitte je dasselbe Maß ab.

KLEID MIT SMOK-TAILLE

SCHWIERIGKEITSGRAD: ★★★

Zum Shopping oder ins Büro – mit diesem Kleid sind Sie immer topgestylt! Die dekorative Smok-Technik bringt im Taillenbereich Form in das gerade geschnittene Kleid. Der Schulterbereich wird raffiniert nach innen gefaltet.

MATERIAL

- Baumwollstoff, 140 cm breit, 110 cm lang
- dünner Gummifaden auf der Rolle, farblich passend
- farblich passendes Garn

SO WIRD'S GEMACHT

MESSEN:
- Hüftumfang

ZUSCHNEIDEN (ABB. 1):

2 x Vorder- bzw. Rückenteil:

A: Länge = 100 cm, B: Breite = 1/2 Hüftumfang + 6 cm
C: 6 cm, mittig von Strecke B senkrecht nach unten abtragen
D: 13 cm, von der Mitte zu beiden Seiten hin abtragen

Die Rundung des Halslochs als flachen Bogen über die Endpunkte von C und D einzeichnen.

2 x Schrägband:

3 cm breit, 35 cm lang
(aus dem Reststück im 45°-Winkel zur Webkante zuschneiden, falls der Stoff nicht ausreicht, das Schrägband stückeln)

Die Nahtzugabe ist inklusive und beträgt 1 cm, die Saumzugabe beträgt 2 cm.

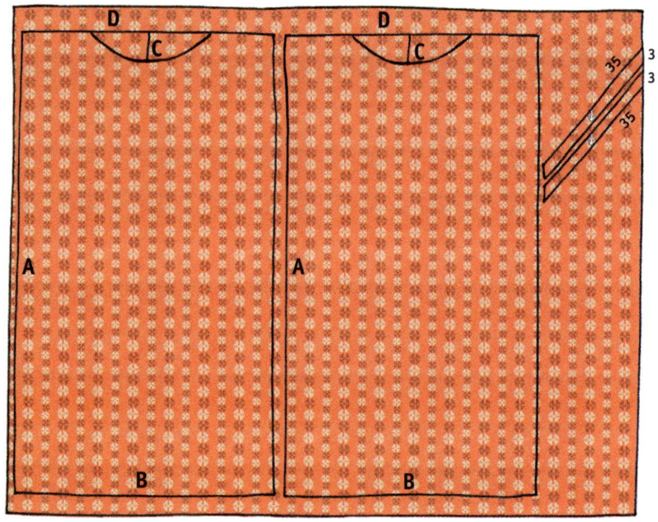

– ABB. 1 –

TIPP

Der gesmokte Taillenbereich kann in der Höhe und der Anzahl der gerafften Linien individuell auf Ihre Taille angepasst werden. Statt der Smok-Technik können Sie das Kleid auch mit einem Gürtel kombinieren oder es ganz ohne Taillierung im Oversized-Look tragen.

KLEID MIT SMOK-TAILLE

1. Alle seitlichen Kanten (A, Abb. 1) und die Schulterlinien versäubern. Die eine der beiden Seitennähte 73 cm vom Saum aus rechts auf rechts schließen und die Nahtzugaben auseinanderbügeln. Den Gummifaden auf die Unterfadenspule spulen. Insgesamt sechs waagerechte Linien, 42 cm von der oberen Kante entfernt beginnend, im Abstand von je 1,5 cm von einer Seite zur anderen mit Schneiderkreide vorzeichnen. Die Linien auf der rechten Stoffseite über das aufgeklappte Vorder- und Rückenteil nähen (Abb. 2a, siehe auch Grundlagenteil – Smok-Technik). Höhe und Anzahl der Linien ggf. anpassen.

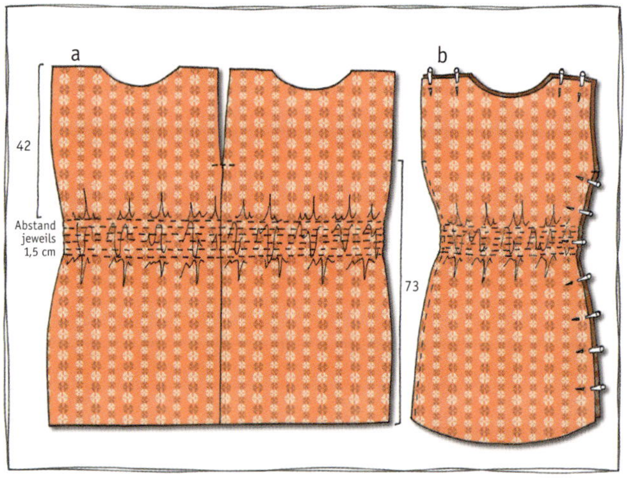

– ABB. 2 –

2. Die zweite Seitennaht 73 cm vom Saum aus sowie beide Schulternähte rechts auf rechts schließen (Abb. 2b) und die Nahtzugaben auseinanderbügeln. Den Saum zweimal 1 cm nach innen bügeln und absteppen.

3. Je zwei große Falten an beiden Schulternähten, jeweils gegengleich auf der rechten und linken Seite, legen (Abb. 3a). Das Kleid anprobieren, die Falten anpassen und die überschnittenen Schultern an der Schulternaht nach innen schlagen. Die Falten mit einer Naht in der bereits genähten Schulternaht fixieren (Abb. 3b). Das Kleid nochmals anprobieren und das Halsloch anpassen.

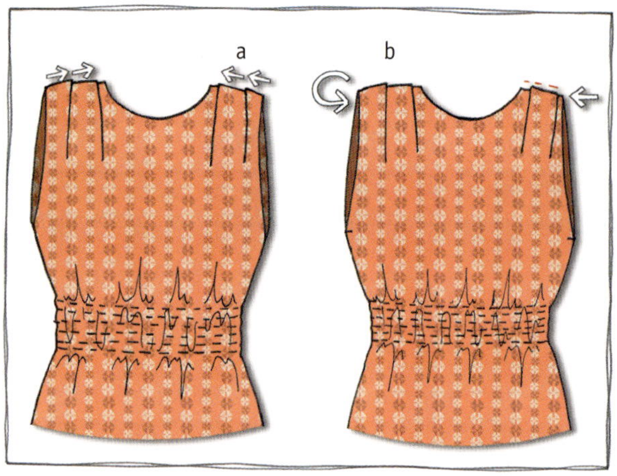

– ABB. 3 –

4. Die beiden Schrägbänder rechts auf rechts auf das vordere und hintere Halsloch stecken und exakt bis zur Schulternaht annähen (Abb. 4a). Das Schrägband nach innen bügeln und die offenen langen Kanten unterschlagen. Die Enden übereinanderlegen, ggf. kürzen und das obere Ende einschlagen. Das Schrägband ringsherum annähen (Abb. 4b).

– ABB. 4 –

MAXIKLEID – MAXIWIRKUNG

SCHWIERIGKEITSGRAD: ★ ★ ★

Das trendige Maxikleid ist schnell genäht, sorgt aber trotzdem für einen Maxi-Auftritt! Besonders gut wirken groß gemusterte Stoffe, die auf den großen Flächen optimal zur Geltung kommen. Ein passender Gürtel betont die Taille und bringt Form in das gerade geschnittene Kleid. Ideale Materialien sind eine weich fließende Viskose oder ein edler Seidensatin.

MATERIAL

- Viskosestoff oder Seidensatin, 140 cm breit, 190 cm lang
- Bügeleinlage, farblich passend, 90 cm breit, 30 cm lang
- farblich passendes Garn
- optional: passender Gürtel

SO WIRD'S GEMACHT

MESSEN:

- Die Strecke Schulter bis Fußgelenk
- Brustumfang

ZUSCHNEIDEN (ABB. 1):

2x Vorder- bzw. Rückenteil:

A: Länge = Schulter bis Fußgelenk + 10 cm, 35 cm von den Webkanten entfernt parallel zur Webkante die Linie A einzeichnen

B: Breite = 1/2 Brustumfang + 15 cm, 26 cm vom oberen Ende der Linie A im rechten Winkel zu A abtragen (Linie B)

Saum: Zu beiden Seiten an Linie A je 35 cm im rechten Winkel zu A abtragen.

Die Endpunkte der Saumlinie mit den Endpunkten der Linie B verbinden. Die Linie um 26 cm nach oben verlängern, dann im rechten Winkel mit dem Endpunkt der Linie A verbinden.

Schulter: Am oberen Ende der Linie A zu beiden Seiten 11 cm abtragen. Von den oberen Ecken 6 cm nach unten messen und die schräge Schulterlinie einzeichnen.

Das hintere Halsloch einzeichnen, dafür 2,5 cm an Linie A nach unten messen und in einem flachen Bogen diesen Punkt mit den inneren Endpunkten der Schulterlinie verbinden.

Das vordere Halsloch einzeichnen, sodass die oberen, kürzeren Schenkel des V-Ausschnitts ca. 22 cm lang sind.

Vorder- und Rückenteil ausschneiden. Die Halsausschnitte auf den Reststoff übertragen und 7 cm breite Besätze zuschneiden. Die Besätze mit Bügeleinlage verstärken (siehe blaue Markierung Abb. 1).

Die Nahtzugabe ist inklusive und beträgt 1 cm. Die Saumzugabe beträgt 4 cm.

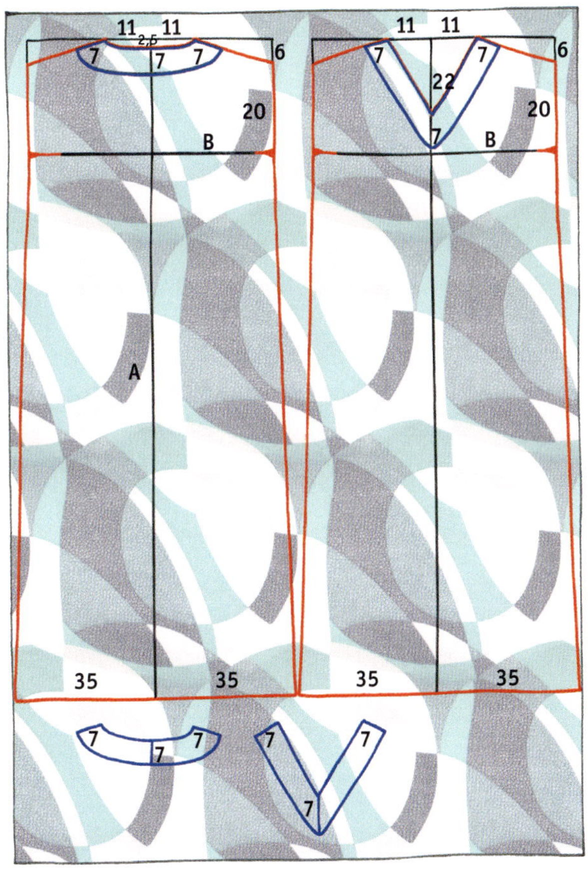

– ABB. 1 –

TIPP

Sie sind nicht der Typ für lange Kleider? Dann kürzen Sie Ihr Kleid einfach auf die gewünschte Länge! Wer keinen passenden Gürtel findet, näht ein Bindeband, das locker um die Taille geknotet wird.

MAXIKLEID – MAXIWIRKUNG

1. Die Seiten von Vorder- und Rückenteil versäubern. Die Schulternähte des Kleides und die der Besätze sowie die Seitennähte vom Saum bis zur Linie B rechts auf rechts schließen (Abb. 2). Die Nahtzugaben der Schulternähte versäubern und in eine Richtung bügeln. Die Nahtzugaben der Seitennähte auseinanderbügeln und das Armloch im Verlauf der Seitennaht anschließend ringsherum 1 cm nach innen bügeln. Das Armloch ringsherum absteppen. Den Saum zweimal 2 cm nach innen bügeln und ringsherum annähen.

– ABB. 2 –

2. Die Außenkante des Besatzes ringsherum versäubern. Den Besatz rings um das Halsloch rechts auf rechts an das Kleid nähen. Die Nahtzugabe an der Spitze des V-Ausschnitts und rings um das Halsloch bis zur Naht einschneiden (Abb. 3a).

3. Die Nahtzugabe Richtung Besatz bügeln, dann knapp neben der Naht an den Besatz steppen. Den Besatz nach innen schlagen und die Kante glatt bügeln. Den Besatz mit einer Steppung direkt in der Schulternaht fixieren (Abb. 3b).

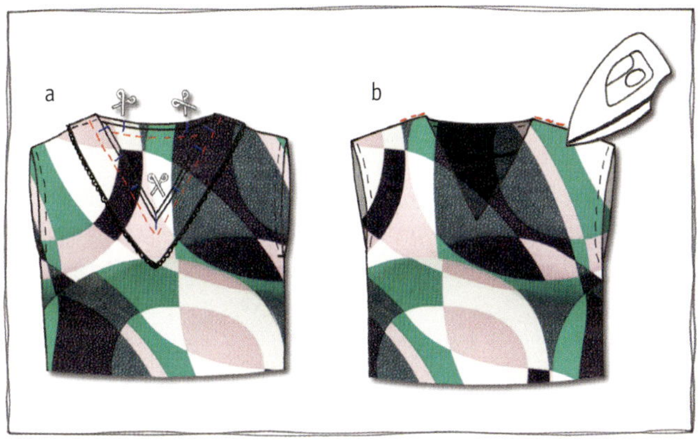

– ABB. 3 –

JERSEYKLEID MIT WASSERFALL-AUSSCHNITT

SCHWIERIGKEITSGRAD: ★★★

Dieses kurze Jerseykleid hat einen eleganten Wasserfall-Ausschnitt und weite, dreiviertellange Fledermausärmel. In trendigem Grau wirkt es lässig, nähen Sie es aus einem edlen schwarzen Jersey, wird das Minikleid schnell zum Partyoutfit.

MATERIAL

- Baumwoll- oder Viskosejersey, 150 cm breit, 200 cm lang
- farblich passendes Garn
- Zwillingsnadel

SO WIRD'S GEMACHT

MESSEN:
- Die Strecke Schulter bis Hüfte
- Hüftumfang

ZUSCHNEIDEN (ABB. 1):

Den Stoff mittig Webkante auf Webkante falten.

1x Rückenteil (blaue Markierung):
Parallel zur Webkante entlang der Stoffumbruchkante 93 cm abtragen. Im rechten Winkel zur Bruchkante 8 cm, dann 55 cm einzeichnen.

An der Umbruchkante 3 cm von der oberen Kante nach unten messen und das Halsloch einzeichnen.

A: Länge = Schulter bis Hüfte
B: Breite = 1/4 Hüftumfang + 2 cm

Den Ärmelsaum von 10 cm im rechten Winkel zur Schulterlinie und parallel zur Webkante einzeichnen.

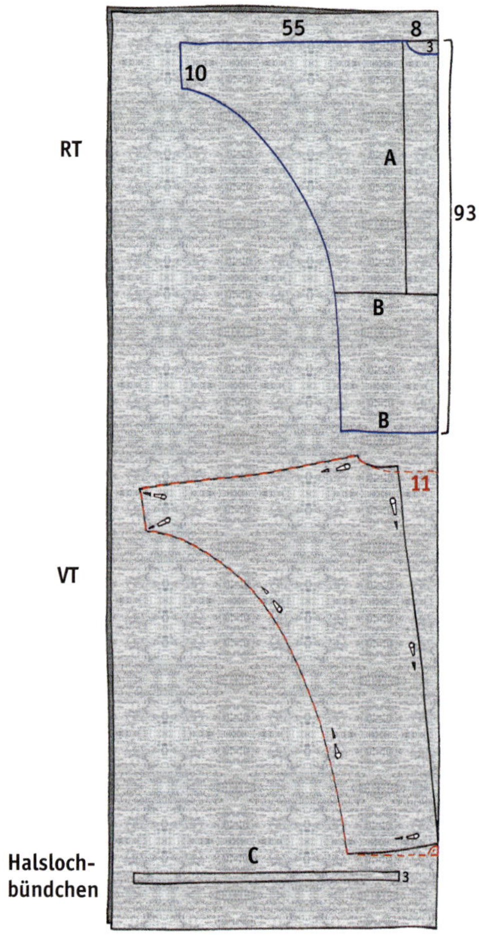

– ABB. 1 –

Die geschwungene Seitenlinie über die Endpunkte des Ärmelsaums und der Strecke B mit einem leichten Schwung verbinden. Die Strecke bis zum Saum gerade weiterführen.

1x Vorderteil (rote Markierung):

Das Rückenteil ausschneiden und weiterhin mittig gefaltet auf den restlichen Stoff stecken, sodass das Halsloch 11 cm von der Kante entfernt beginnt und die Saumkante direkt an die Stoffumbruchkante stößt. Den Verlauf an Saum und Halslochbereich anpassen, sodass die Linien im rechten Winkel am Stoffumbruch einlaufen (rote gestrichelte Linie). Achtung, beim Ausschneiden nicht das rückwärtige Halsloch zerschneiden!

1x Halslochbündchen:

C: Halslochumfang (ohne Nahtzugaben) x 0,7

Länge: 3 cm (ergibt ein sehr schmales Bündchen mit einer Endbreite von 5 mm; für eine Endbreite von 1,5 cm die Bündchenlänge auf 5 cm vergrößern).

Alle Nahtzugaben sind inklusive und betragen 1 cm, an Saum und Ärmelsaum 2 cm.

TIPP

Vergrößern Sie beim Zuschnitt des Vorderteils den Abstand zur Bruchkante des Stoffs (Abstand > 11 cm), wird Ihr Wasserfall-Ausschnitt entsprechend tiefer. Sie können das Kleid auch umdrehen, dann hat Ihr Kleid einen tiefen Rückenausschnitt. Vertiefen Sie dafür das Halsloch am eigentlichen Rückenteil, in diesem Fall das Vorderteil, um 2 bis 3 cm.

JERSEYKLEID MIT WASSERFALL-AUSSCHNITT

1. Die Schulter- und Seitennähte des Kleides rechts auf rechts schließen und versäubern (Abb. 2).

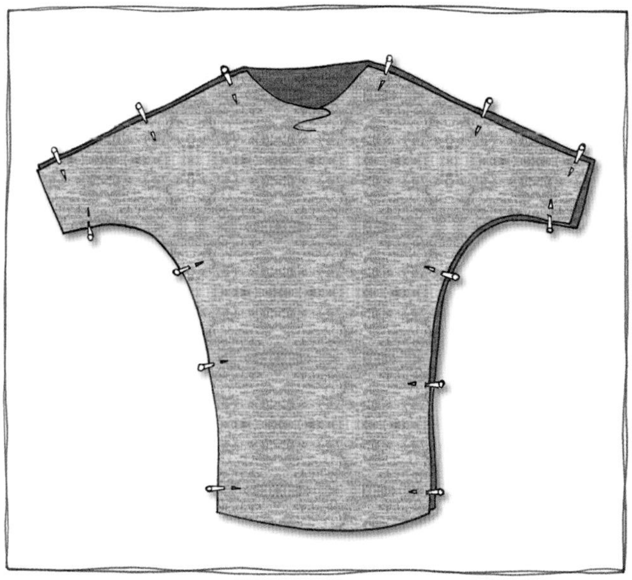

– ABB. 2 –

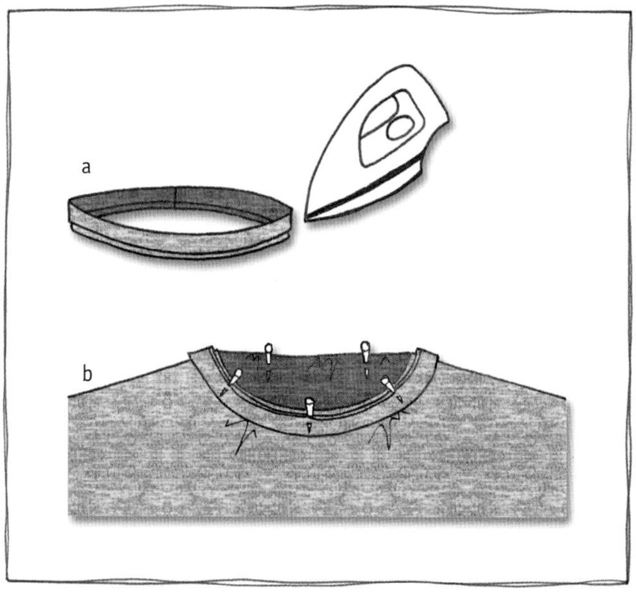

– ABB. 3 –

2. Den Saum und die Ärmelsäume je 2 cm nach innen bügeln und mit der Zwillingsnadel absteppen. Dafür zwei Oberfäden statt einem wie gewohnt einfädeln und die beiden Fadenenden je durch ein Nadelöhr fädeln. Die Unterfadenspule bleibt unverändert. Von außen bei 2 cm, maßgeblich ist die linke Nadel, absteppen. Die Unterseite wird automatisch versäubert.

3. Die kurzen Seiten des Bündchens rechts auf rechts zusammennähen, sodass ein Ring entsteht. Das Bündchen links auf links ringsherum mittig falten und bügeln (Abb. 3 a). Die Strecken rings um Bündchen und Halsloch jeweils in vier gleich große Abschnitte unterteilen und diese Punkte mit Nadeln markieren. Das Bündchen über das Halsloch stülpen, das Bündchen liegt dabei auf der rechten Stoffseite, alle offenen Kanten sind nach außen gerichtet. Die Naht des Bündchens an der Schulternaht platzieren. Die markierten Abschnitte aufeinanderstecken. Die Überweite des Halslochs gleichmäßig ringsherum verteilen und mit Nadeln fixieren (Abb. 3 b). Das Bündchen unter gleichmäßigem Zug rundum annähen. Die Nahtzugabe ringsherum an das Halsloch steppen.

HINWEIS

Der elastische Jerseystoff kann entweder mit einer Overlockmaschine oder mit einem Stretchstich und Zickzackstich verarbeitet werden.

SOMMERLICHE TUNIKA

SCHWIERIGKEITSGRAD: ★★★

Diese luftige Tunika wird mit einem groß gemusterten Stoff oder einem auffälligen Druck zu einem echten Highlight. Geeignet sind dünne Baumwollstoffe, Seide oder Viskose. Das gewählte Material sollte in jedem Fall weich fließen.

MATERIAL

- dünner Baumwoll- oder Viskosestoff oder Seide, mind. 110 cm breit, 200 cm lang (Stoff 1)
- dünner Baumwoll- oder Viskosestoff oder Seide, 140 cm breit, 40 cm lang (Stoff 2)
- Gummiband, 2 cm breit, 100 cm lang
- optional: vorgefertigtes Schrägband, farblich passend, 7 mm–1 cm breit, 400 cm lang
- farblich passendes Garn

SO WIRD'S GEMACHT

MESSEN:

- Unterbrustumfang
- Die Strecke Schulter bis Unterbrustlinie

ZUSCHNEIDEN (ABB. 1):

Gummiband:

Unterbrustumfang + 2 cm Nahtzugabe

aus Stoff 1:

Vorder- und Rückenteil:

Zwei Rechtecke aufzeichnen: Länge = 95 cm, Breite = 100 cm

Schulter: Bei beiden Rechtecken die Mittellinie markieren und an der oberen Kante je 9 cm zu beiden Seiten der Mittellinie abtragen.

Von der oberen Kante aus an beiden seitlichen Kanten je 4,5 cm nach unten messen. Die Punkte je mit einer schrägen Linie verbinden.

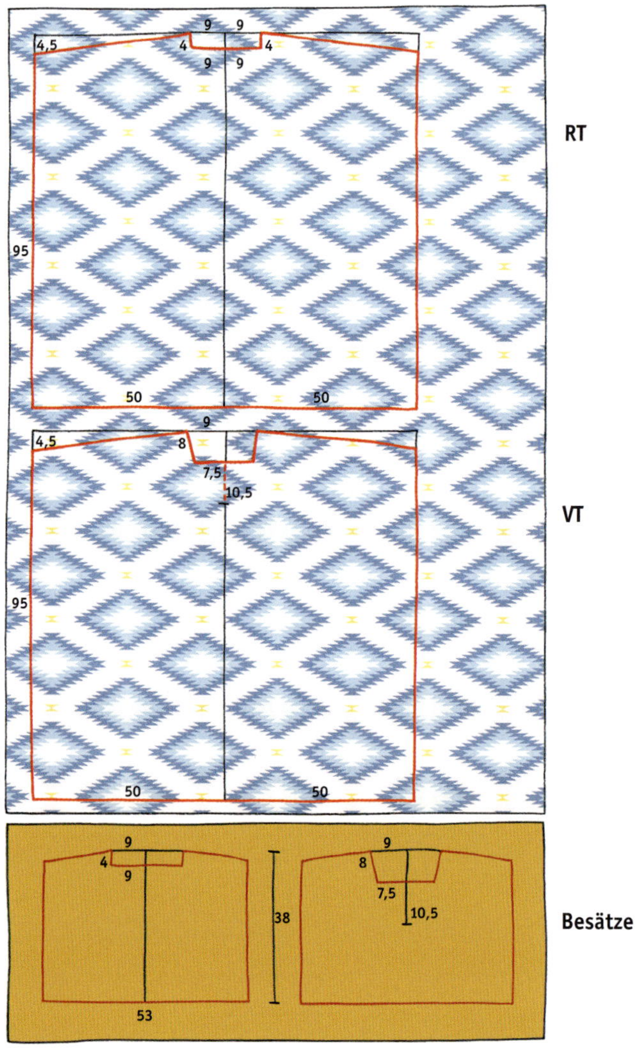

– ABB. 1 –

Am Rückenteil das 4 cm tiefe hintere Halsloch einzeichnen.

Am Vorderteil das 8 cm tiefe und unten zu beiden Seiten der Mittellinie je 7,5 cm breite vordere Halsloch sowie den 10,5 cm langen mittleren Schlitz unter dem Halsloch einzeichnen.

Vorder- und Rückenteil entlang der roten Linie ausschneiden, dabei den Schlitz noch nicht einschneiden!

aus Stoff 2:

Besätze:

Zwei Rechtecke aufzeichnen:
Länge = 38 cm, Breite = 53 cm

Die Schulterlinien und Halslöcher von Vorder- und Rückenteil sowie die Schlitzmarkierung an der Oberkante der Besätze übertragen und ringsherum ausschneiden (siehe rote Markierung Abb. 1).

Alle Nahtzugaben sind inklusive und betragen 1 cm, die Saumzugabe beträgt 2 cm.

TIPP

Wenn Sie Ihre Tunika ohne Schrägbänder an den seitlichen Kanten verarbeiten möchten, können Sie die seitlichen Kanten zweimal knapp einschlagen und absteppen.

SOMMERLICHE TUNIKA

1. Die Schulternähte von Vorder- und Rückenteil rechts auf rechts schließen und versäubern. Ebenso die Besätze zusammennähen. Den Besatz rings um die äußere Kante versäubern. Den Besatz rechts auf rechts rings um das Halsloch stecken. Rings um das Halsloch und in kleinem Abstand um die Schlitzmarkierung nähen (Abb. 2a). Die Nahtzugaben in den Ecken der Halslöcher und die Mitte des Schlitzes einschneiden. Exakt bis in die beiden unteren Ecken der Schlitznaht schneiden (Abb. 2b). Den Besatz auf die linke Stoffseite der Tunika schlagen und die Außenkanten glatt bügeln. Den Besatz punktuell an der Schulternaht fixieren.

– ABB. 2 –

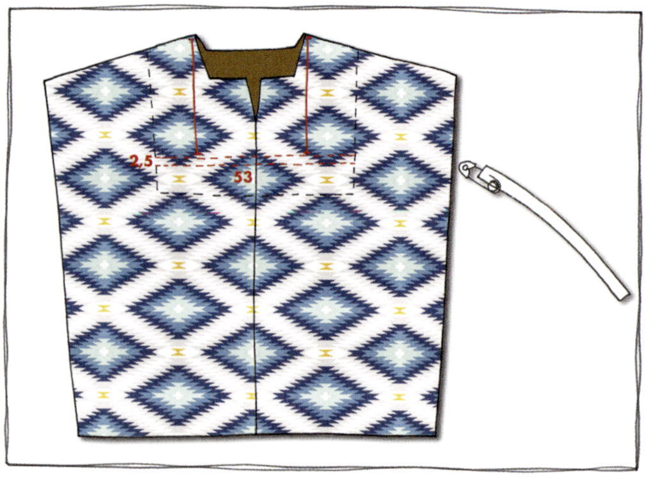

– ABB. 3 –

2. Für den Gummiband-Tunnel je zwei waagerechte Nähte durch Oberstoff und Besatz von Vorder- und Rückenteil steppen, dazu die Linien mit Schneiderkreide vorzeichnen. Für die Höhe der oberen Naht die Strecke von der Schulter bis zur Unterbrustlinie messen (siehe rote Linie, Abb. 3). Die Linien haben einen Abstand von 2,5 cm und eine Länge von 53 cm. Durch eine Anprobe den Verlauf des Tunnels unterhalb der Brust prüfen und ggf. anpassen. Das Gummiband mithilfe einer Sicherheitsnadel erst durch den vorderen, dann durch den hinteren Tunnel fädeln. Die Enden flach aufeinanderlegen und zusammennähen.

3. Die seitlichen Kanten der Tunika mit den Schrägbändern einfassen oder aber zweimal knapp einschlagen und absteppen. Den Saum zweimal 1 cm nach innen bügeln und absteppen. Vorder- und Rückenteil aufeinanderstecken, die beiden seitlichen Stepplinien mit Schneiderkreide einzeichnen und mit Nadeln fixieren. Die Linien beginnen jeweils 27 cm unterhalb der Schulternaht, führen am Ende der Tunnelnaht vorbei und enden am unteren Saum 18 cm von der Seitenkante entfernt. Nach einer Anprobe absteppen (Abb. 4).

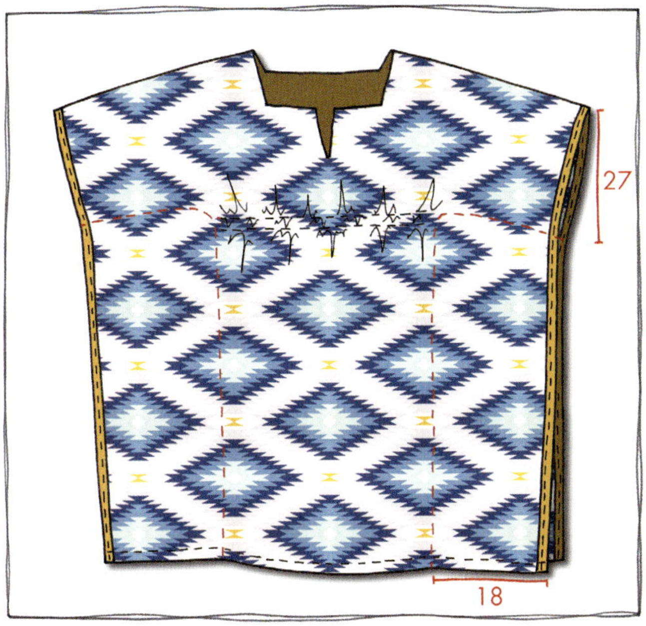

– ABB. 4 –

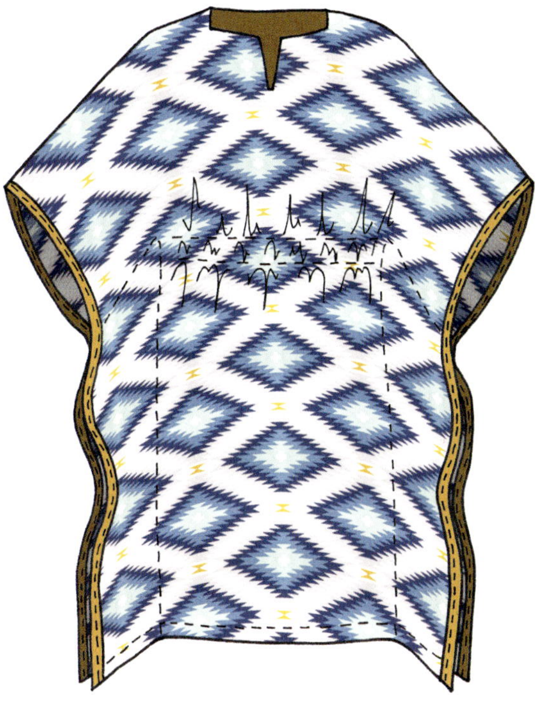

ELEGANTER BAHNENROCK

SCHWIERIGKEITSGRAD: ★★★

Der figurbetonte Bahnenrock funktioniert sowohl im Büro mit einer Bluse als auch in der Freizeit mit einem lockeren Top kombiniert. Geeignet sind Veloursstoffe, Samt, feste Baumwollstoffe oder Denim. Velours oder Samt verleihen dem Rock durch den leichten Glanz zusätzlich Eleganz.

MATERIAL

- fester Baumwollstoff oder Velours, 140 cm breit, 80 cm lang
- Bügeleinlage, farblich passend, 90 cm breit, 20 cm lang
- nahtverdeckter Reißverschluss, farblich passend, 22 cm lang
- Webband mit Muster, ca. 1,5 cm breit, 60 cm lang
- farblich passendes Garn

SO WIRD'S GEMACHT

MESSEN:

- Taillenumfang und Hüftumfang messen.
  Die Rocklänge beträgt 50 cm.

ZUSCHNEIDEN (ABB. 1):

Bund (je 1x aus Stoff und aus Bügeleinlage):

A: Länge = 12 cm (inkl. 2 cm Nahtzugabe)
B: Breite = Taillenumfang + 2 cm Nahtzugabe

Rockteile:

1. Ein Viereck auf die linke Stoffseite zeichnen:
C: Länge = 55 cm (inkl. Nahtzugabe: 1 cm an Oberkante, 4 cm an Saumkante)
D: Breite = Hüftumfang + 3 cm Bewegungsfreiheit + 12 cm Nahtzugabe

2. Das Viereck mittig senkrecht unterteilen. Die seitlichen schmalen Teile von beiden Außenkanten und von der Mitte aus zu beiden Seiten einzeichnen. Die Seitenteile sind je 18 cm breit (E).

3. Eine gestrichelte Linie 22 cm von der oberen Kante gemessen waagerecht einzeichnen (F).

Für das nach oben hin schmale Zulaufen der Bahnen den Wert G ermitteln:

G = (Hüftumfang – Taillenumfang) : 12

An allen Punkten, an denen senkrechte Linien auf die obere Kante treffen, den Wert G in Zentimetern jeweils links und rechts abtragen und dann von diesen Punkten aus je eine Linie in flachem Bogen bis zu den Kreuzungspunkten der senkrechten Linien und der gestrichelten Linie einzeichnen. Die einzelnen Rockteile ausschneiden (siehe rote Linien in der Abbildung).

Taschen:

Den oberen Teil eines seitlichen, schmalen Rockteils mit einer gestrichelten Linie auf die linke Seite des übrigen Stoffes übertragen. Anschließend eine diagonal verlaufende Tasche (Abstand der beiden diagonal verlaufenden Linien ca. 12 cm) einzeichnen und an der Ober- und Unterkante je 1 cm Nahtzugabe hinzufügen. Die Tasche (in der Abbildung rot umrandet) ausschneiden. Die zweite Tasche gegengleich zuschneiden.

Die Nahtzugaben sind inklusive und betragen für jede Naht 1 cm, die Saumzugabe beträgt 4 cm.

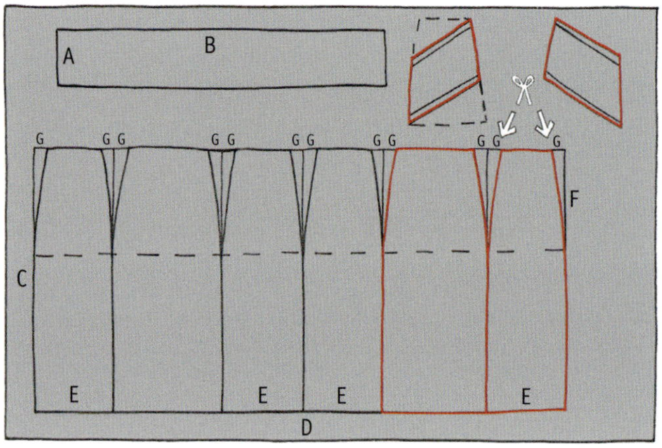

– ABB. 1 –

TIPP

Die Taschen sind ein schönes Detail, können aber je nach Look auch weggelassen werden.

ELEGANTER BAHNENROCK

1. Die diagonalen Ober- und Unterkanten der Taschen versäubern und je 1 cm nach innen bügeln. Das Webband entlang der langen Kanten knappkantig von außen parallel zur Taschenoberkante aufnähen. Dann die Taschen auf der rechten Stoffseite von zwei seitlichen Rockteilen positionieren und knappkantig entlang der Seitenkanten und der umgebügelten Unterkante aufnähen (Abb. 2).

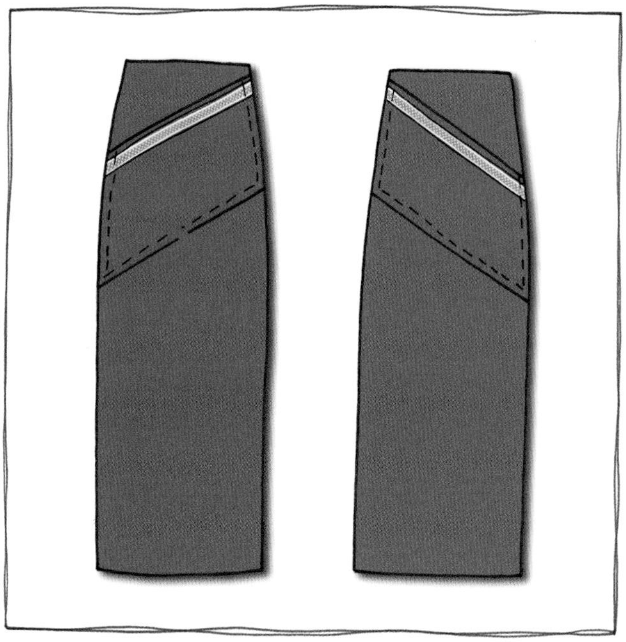

– ABB. 2 –

2. Alle Rockteile entlang der langen seitlichen Kanten versäubern, dann in der entsprechenden Reihenfolge rechts auf rechts aneinandernähen und die Nahtzugaben auseinanderbügeln. Die linke Seitennaht des Rocks bleibt offen für den Reißverschluss.

3. Den Bund auf der linken Stoffseite mit der Bügeleinlage verstärken, dann der Länge nach mittig falten und bügeln. Eine der beiden langen Kanten 1 cm nach innen bügeln. Die nicht umgebügelte Kante rechts auf rechts an die Rockoberkante nähen.

4. Den Reißverschluss öffnen und beide Reißverschlussseiten rechts auf rechts ab dem Falz der Bundoberkante an die linke Seitennaht des Rocks nähen. Dabei möglichst nah an den Reißverschlusszähnchen nähen (Abb. 3a, rosa Markierung).

Den Reißverschluss wieder schließen und die restliche Seitennaht unterhalb des Reißverschlusses bis zum Saum zusammennähen. Die Nahtzugabe auseinanderbügeln. Den Rocksaum ringsherum versäubern und 4 cm nach innen bügeln. Den Saum entweder absteppen oder mit dem unsichtbaren Hohlsaumstich per Hand annähen.

5. Den Reißverschluss erneut öffnen. Den Bund wieder rechts auf rechts klappen, der angenähte Reißverschluss liegt zwischen den Lagen, dann die kurzen Bundkanten jeweils rechts auf rechts parallel zum Reißverschluss füßchenbreit zusammennähen, den Bund wieder wenden (Abb. 3b, rosa Markierung). Die innere Bundseite über die Nahtzugaben klappen, sodass die Bundnaht knapp überdeckt wird, und von außen im Nahtschatten ringsum absteppen, sodass der Bund innen geschlossen wird (Abb. 3c, rosa Markierung).

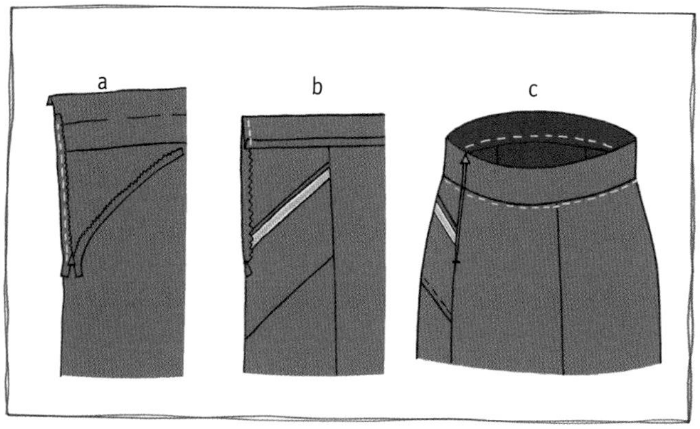

– ABB. 3 –

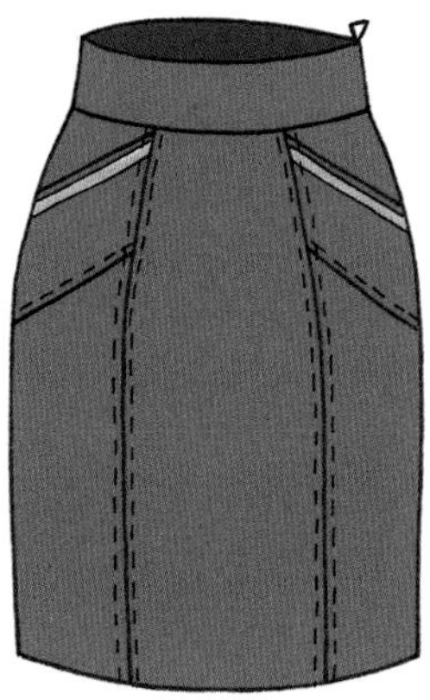

WICKELROCK MIT KNOPFLEISTE

SCHWIERIGKEITSGRAD: ★★★

Dieser mädchenhafte Wickelrock hat im Vorderteil eine breite Zierknopfleiste und gelegte Falten. Durch den kreisrunden Zuschnitt fällt auch das Rückteil glockig. Geeignet sind weich fallende Stoffe, zum Beispiel dünner Cord oder Denim, ein dünner Wollstoff oder eine sommerliche Viskose. In einem maritimen Stoff mit goldenen Knöpfen genäht wird dieser Rock zum perfekten Urlaubsbegleiter.

MATERIAL

- leichter Wollstoff, Denim oder Viskosestoff, 140 cm breit, 150 cm lang
- Gummiband, farblich passend, 5 cm breit, ca. 100 cm lang
- Bügeleinlage, farblich passend, 90 cm breit, 60 cm lang
- 4 Druckknöpfe zum Annähen, ø ca. 2 cm
- 4 Knöpfe zum Beziehen oder farblich passende Zierknöpfe, ø ca. 3,8 cm
- ggf. Stoffrest zum Beziehen der Knöpfe
- farblich passendes Garn

SO WIRD'S GEMACHT

MESSEN:

- Taillenumfang messen. Die Rocklänge beträgt 50 cm.

ZUSCHNEIDEN (ABB. 1):

Gummiband:

Taillenumfang – 15 cm (Knopfleiste) + 2 cm Nahtzugabe

2x Knopfleiste (je 2x aus Stoff und aus Bügeleinlage):

A: Länge = 52 cm, B: Breite = 32 cm
(inkl. 1 cm Nahtzugabe ringsherum)

Rock:

Rechnen:

1. Umfang = Taillenumfang – 15 cm (Knopfleiste) + 24 cm (Falten) + 2 cm Nahtzugabe
2. Innenkreisradius (I) = (Taillenumfang x 2) : 6,28
3. Eine gerade Linie von Webkante zu Webkante auf den Stoff zeichnen. Die Linie halbieren und von dort aus einen Halbkreis mit dem berechneten Innenkreisradius (I) zeichnen. Dann ringsherum die Länge des Rockteils von 48 cm ab der Innenkreisradiuslinie abtragen (C). In der Mitte liegt die hintere Mitte (HM).
4. 1 cm Nahtzugabe Richtung Mittelpunkt an die Innenkreisradiuslinie zeichnen (gestrichelte Linie). Die Innenkreisradiuslinie wird die Nahtlinie sein.

Die Nahtzugabe für das Rockteil ist inklusive und beträgt 1 cm.

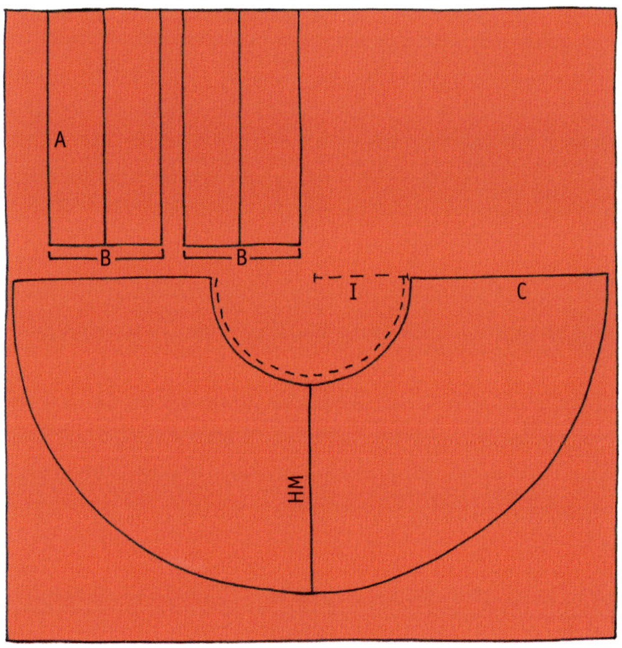

– ABB. 1 –

WICKELROCK MIT KNOPFLEISTE

1. Die Falten von beiden offenen Kanten aus entlang der oberen Rockkante legen. Dafür an der offenen Kante jeweils 3 cm nach innen messen, dann eine Falte mit 4 cm Falteninhalt abmessen, 2 cm Platz lassen, dann die nächste Falte mit 4 cm Falteninhalt abmessen, 2 cm Platz lassen und die dritte Falte von 4 cm abmessen. Anschließend die Falten zur offenen Kante falten und mit einer knappkantigen Naht vorfixieren (Abb. 2).

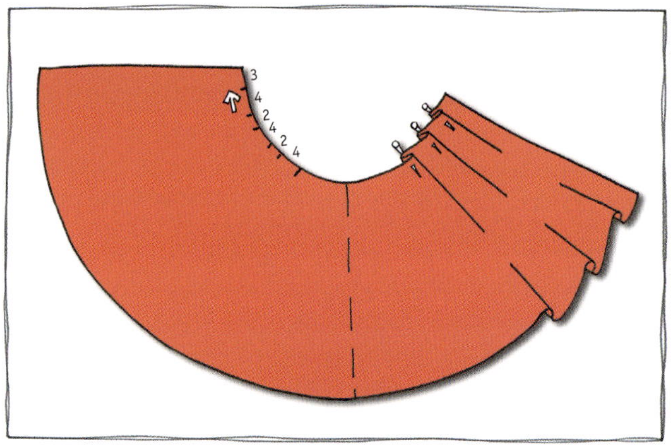

– ABB. 2 –

2. Die obere Rockkante und den Saum mit Zickzackstich oder der Overlockmaschine versäubern. Das Gummiband rechts auf rechts an die obere Rockkante nähen.

3. Die Saumkante 1 cm nach innen bügeln und absteppen.

4. Die Knopfleisten auf der linken Stoffseite mit Bügeleinlage verstärken.

5. Die Knopfleisten der Länge nach mittig rechts auf rechts falten und die kurzen Kanten schließen. Den jeweils letzten Zentimeter vor der offenen langen Seite offen lassen (Abb. 3 a). Die Knopfleisten umstülpen und je eine offene Kante 1 cm nach innen bügeln. Die Außenkanten glatt bügeln (Abb. 3 b).

6. Die Knopfleisten jeweils mit der ungebügelten Kante rechts auf rechts an die vordere Rockkante nähen (Abb. 3 c). Die Nahtzugaben in die Knopfleiste bügeln. Die Knopfleiste ringsherum absteppen und mit dieser Naht die Knopfleiste schließen.

7. Die Druckknöpfe in gleichmäßigem Abstand im oberen Bereich auf den aufeinanderliegenden Seiten der Knopfleisten annähen. Ggf. die anderen Knöpfe mit den Stoffresten beziehen und als Zierknöpfe außen auf die obere Knopfleiste nähen (Foto rechts).

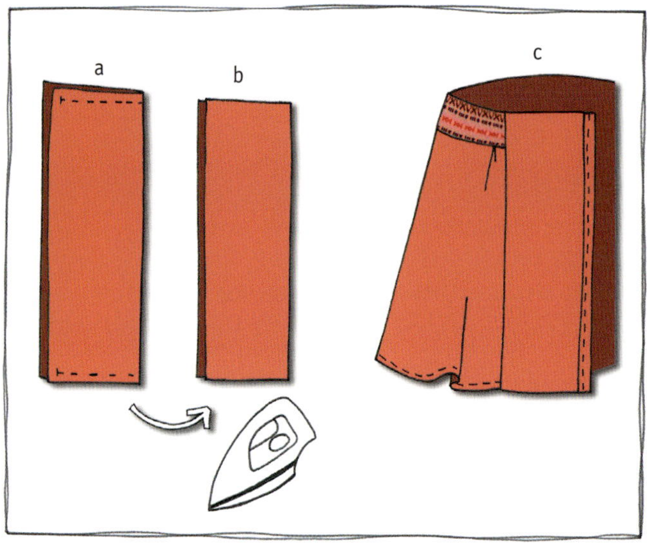

– ABB. 3 –

HINWEIS

Bei einem großen Taillenumfang oder wenn Ihr Rock länger werden soll, muss das Rockteil beim Zuschneiden um 90 Grad gedreht werden (die hintere Mitte liegt dann parallel zur Schnittkante). Kaufen Sie entsprechend mehr Stoff und fertigen Sie ggf. vor dem Stoffeinkauf eine Skizze an.

TIPP

Der Rock wird am besten mit Druckknöpfen geschlossen, sie halten dem Zug auf der Taille, der durch Bewegung entsteht, besser stand. Die aufgenähten Knöpfe sind nur zur Zierde.

BOHO-MAXIROCK

SCHWIERIGKEITSGRAD: ★★★

Der Maxirock im romantischen Boho-Stil ist ein absolutes Must-have! Die Stufen können entweder farblich abgesetzt werden oder Sie nähen den Rock aus nur einem Stoff. Optimal ist hier fließende Viskose. Besonders gut eignen sich florale Muster, die mit einer abgesetzten Saumkante bedruckt sind. Diese kann man wie bei unserem Modell zu sehen toll als untere Stufe verwenden. Der Rock wird durch einen bequemen Gummizug gehalten.

MATERIAL

- Viskosestoff, 140 cm breit, 130 cm lang (Stoff 1, Rock und untere Stufe)
- Viskosestoff, 140 cm breit, 40 cm lang (Stoff 2, mittlere Stufe)
- Gummiband, 3 cm breit, ca. 100 cm lang
- optional: dünne Kordel, farblich passend, 60 cm lang
- optional: 2 Quasten, farblich passend
- farblich passendes Garn

SO WIRD'S GEMACHT

MESSEN:

- Hüftumfang messen.
- Die Strecke von 5 cm unterhalb der Taille (Rockoberkante) bis zum Boden messen.

ZUSCHNEIDEN (ABB. 1):

aus Stoff 1:

1x Rockteil:

A: Länge = Strecke bis Boden – 33 cm für die Stufen + 5,5 cm Nahtzugabe

B: Breite = Hüftmaß + 25 cm

2x untere Stufe:

C: Länge = 20 cm

D: Breite = 140 cm (Webkanten abschneiden)

aus Stoff 2:

2x mittlere Stufe:

E: Länge = 17 cm

F: Breite = 120 cm

Die Nahtzugabe ist bei allen Teilen inklusive und beträgt 1 cm für alle Nähte, an der Rockoberkante beträgt sie 1 cm + 3,5 cm für das Gummiband.

– ABB. 1 –

BOHO-MAXIROCK

1. Die Naht des Rockteils an der hinteren Mitte (A an A) sowie die Seitennähte der Stufen (C an C und E an E) rechts auf rechts schließen, sodass Ringe entstehen. Die Kanten anschließend versäubern und bügeln. Die Unterkante der unteren Stufe entweder mit einem Rollsaum versäubern oder zweimal knappkantig (je ca. 3 mm) nach innen bügeln und steppen.

2. Die obere Kante des Rocks erst 1 cm und dann 3,5 cm nach innen bügeln (Abb. 2 a) und wieder aufklappen.

3. Optional: An der vorderen Mitte, direkt gegenüber der hinteren Naht, 6 cm nach unten von der Oberkante gemessen mit einem engen Zickzackstich zwei kleine Kreise nebeneinander nähen und die Kreismitten herausschneiden (diese Stelle evtl. vorab mit einem kleinen Stück Bügeleinlage oder Reststoff auf der linken Stoffseite verstärken). Die Kordel durch die beiden Löcher fädeln und außen verknoten. Die Quasten an den Kordelenden mit einigen Handstichen fixieren.

4. Die Oberkante des Rocks wieder nach innen schlagen und mit 3,5 cm Abstand zur Kante ringsherum annähen, dabei eine kleine Öffnung lassen. Das Gummiband auf den Taillenumfang plus 1 cm Nahtzugabe zuschneiden und mithilfe einer Sicherheitsnadel durch den Tunnel ziehen (Abb. 2 b). Die Enden flach aufeinanderlegen und mit Zickzackstich zusammennähen, in die Öffnung schieben und dann die Öffnung schließen.

– ABB. 2 –

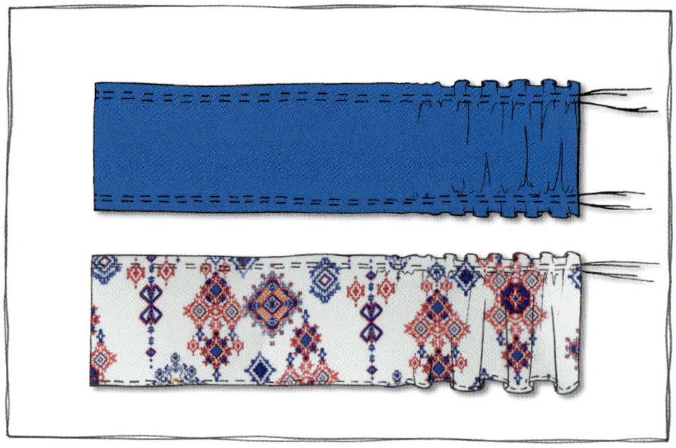

– ABB. 3 –

5. Die mittlere Stufe an Ober- und Unterkante und die untere Stufe an der Oberkante mit je zwei dicht nebeneinanderliegenden Kräuselfäden versehen. Dafür mit großem Stich ringsherum entlang der Kante nähen und nicht verriegeln. Die Fadenenden lang überstehen lassen. Die Oberkante der mittleren Stufe gleichmäßig auf die Länge der unteren Rockkante raffen (Abb. 3). Die untere Kante ebenfalls raffen, der Umfang sollte 10 cm breiter als die Oberkante der Stufe sein. Die Oberkante der unteren Stufe auf das gleiche Maß raffen. Die mittlere Stufe rechts auf rechts über das Rockteil stülpen und ringsherum annähen (Abb. 4). Die Nahtzugaben versäubern. Die untere Stufe rechts auf rechts über die Unterkante der mittleren Stufe stülpen und ebenso annähen. Die Nahtzugaben versäubern.

– ABB. 4 –

TIPP

Wer keine Stufen mag, verlängert einfach das Rockteil um die beiden Stufenlängen. Diese schlichtere Variante ist im Nu genäht.

TELLERROCK MIT SCHWUNG

SCHWIERIGKEITSGRAD: ★★★

Der weit schwingende Tellerrock im Fifties-Look liegt immer im Trend! Ein besonderer Hingucker ist er, wenn er wie unser Modell aus einem festen Baumwollstoff genäht wird, sodass er einen schönen Stand bekommt. Aber auch aus weich fließender Viskose sieht der Rock zauberhaft aus. Am besten kombiniert man dazu ein schmales Top, das sich locker in den Bund stecken lässt.

MATERIAL

- Baumwollstoff oder fließender Viskosestoff, mindestens 140 cm breit, 160 cm lang
- farblich passende Bügeleinlage, 90 cm breit, 10 cm lang
- nahtverdeckter Reißverschluss, farblich passend, 22 cm lang
- farblich passendes Garn

SO WIRD'S GEMACHT

MESSEN:

- Taillenumfang messen.
- Das Maßband von unterhalb des Bauchnabels nach unten führen, um die Rocklänge zu bestimmen.

ZUSCHNEIDEN (ABB. 1):

Den Bund an den oberen Rand des Stoffes zeichnen.

Bund (je 1x aus Stoff und aus Bügeleinlage):

A: Länge = 8 cm (inkl. 2 cm Nahtzugabe)

B: Breite = Taillenmaß + 2 cm Nahtzugabe

Rock:

1. Rechnen:

Innenkreisradius (I) = (Taillenmaß + 2 cm Nahtzugabe) : 6,28

Außenradius (a) = Innenkreisradius + gewünschte Länge + 1 cm Nahtzugabe

2. Den Mittelpunkt des Stoffes ermitteln (x) und von dort den Innenkreisradius gleichmäßig mithilfe eines Maßbands und einer feinen Kreidelinie abtragen. Dann ebenso den Außenradius abtragen.

3. Wichtig: Die Nahtzugabe (gestrichelte Linie) im Abstand von 1 cm Richtung Kreismittelpunkt an die Innenkreisradiuslinie zeichnen. Die Linie HM (hintere Mitte) parallel zur Webkante einzeichnen. Die Linie VM (vordere Mitte) dient nur der Orientierung.

4. Entlang der Außenradiuslinie ausschneiden, dann die Linie HM einschneiden und entlang der Nahtzugabenlinie den inneren Kreis ausschneiden. Auf der Innenkreisradiuslinie wird später genäht.

Die Nahtzugabe ist inklusive und beträgt für alle Nähte 1 cm.

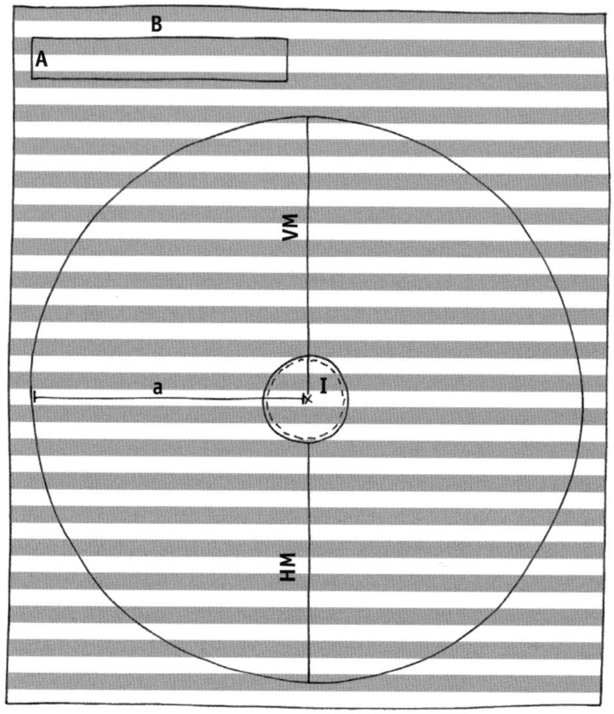

– ABB. 1 –

HINWEIS

Achtung bei Kopfmustern, z. B. Blüten, die in eine Richtung „wachsen"! Denn durch den kreisrunden Zuschnitt würden die Blüten an den Seiten auf der Seite liegen und an der hinteren Mitte Kopf stehen. Toll wirkt ein Streifen, der so automatisch seine Richtung verändert.

Achtung auch bei der Rocklänge: Diese kann maximal die halbe Stoffbreite – den Radius des Tellers – betragen. Wenn Sie sich einen längeren Rock wünschen, müssen Seitennähte eingeplant und die doppelte Stoffmenge gekauft werden.

TELLERROCK MIT SCHWUNG

1. Den Bund auf der linken Stoffseite mit Bügeleinlage verstärken.

2. Die HM-Kanten und die Unterkante des Rocks mit Zickzackstich oder der Overlockmaschine versäubern.

3. Den Bund der Länge nach mittig links auf links bügeln, dann die eine lange Seite 1 cm nach innen bügeln (Abb. 2a).

4. Die Innenkreisradiuslinie rechts auf rechts an die ungebügelte Kante des Bunds nähen und die Nahtzugaben Richtung Bund bügeln (Abb. 2b). Kontrollieren, ob der Rock um die Taille passt (2 cm fallen noch für die Naht weg).

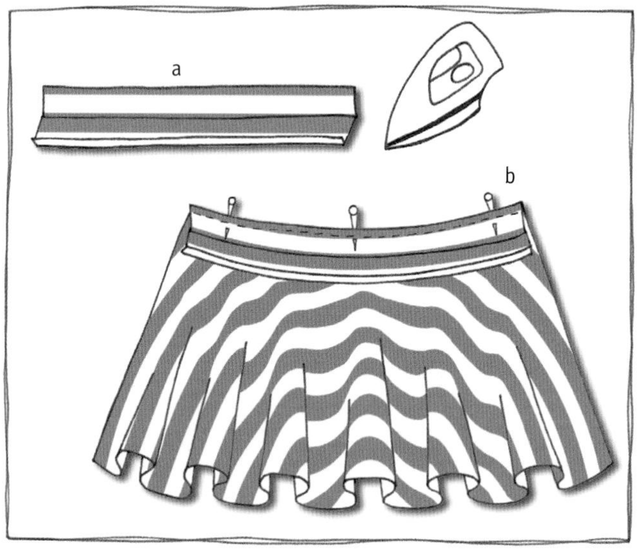

– ABB. 2 –

5. Den Reißverschluss öffnen und rechts auf rechts ab der eingebügelten Bundoberkante des aufgeklappten Bunds an die hintere Mitte des Rocks nähen, dabei möglichst nah an den Reißverschlusszähnchen nähen (Abb. 3a). Die zweite Reißverschlussseite ebenso annähen, dann den Reißverschluss schließen und die HM-Naht bis zum Saum zusammennähen. Die Nahtzugabe auseinanderbügeln und den Rocksaum 1 cm nach innen bügeln. Den Saum absteppen.

6. Den Reißverschluss öffnen. Den Bund wieder rechts auf rechts klappen, der angenähte Reißverschluss liegt zwischen den Lagen, dann die kurzen Bundkanten jeweils rechts auf rechts parallel zum Reißverschluss füßchenbreit zusammennähen, den Bund wieder wenden (Abb. 3b). Die innere Bundseite über die Nahtzugabe klappen, sodass die Bundnaht knapp überdeckt wird, und von außen im Nahtschatten ringsum absteppen.

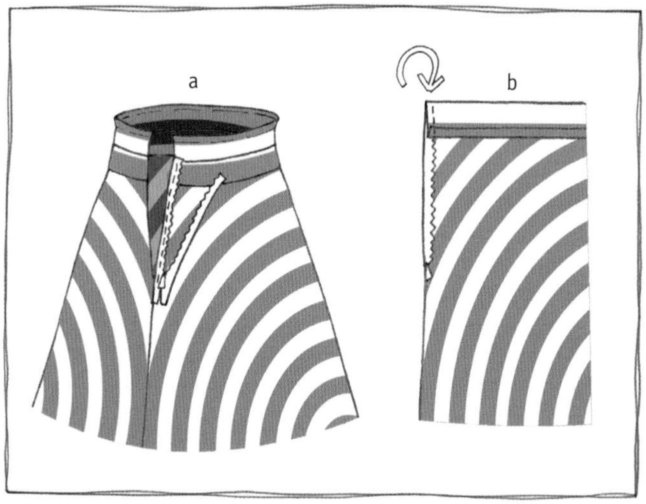

– ABB. 3 –

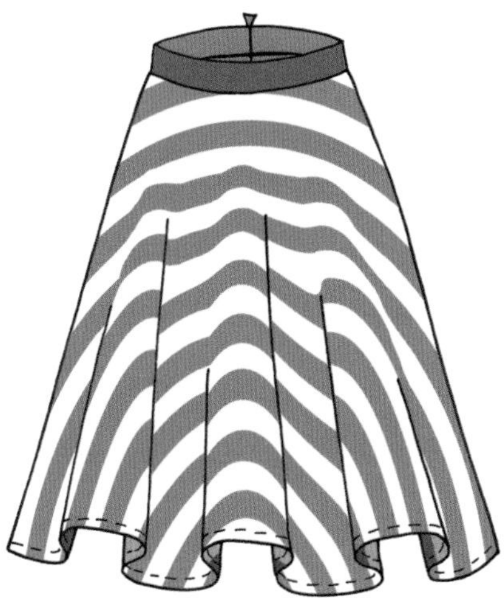

SPORTLICHER JERSEYROCK

SCHWIERIGKEITSGRAD: ★★★

Der lässige Jerseyrock hat eine sportliche Kängurutasche im Vorderteil und ein bequemes, breites Taillenbündchen. Dieses kann locker umgeschlagen werden, falls Sie den Rock mal mit einem schmaleren Bund tragen möchten. Das Saumbündchen sorgt für einen leichten Balloneffekt. Die an Tascheneingriff und Taschenunterkante eingefassten Paspeln sind ein schönes Zusatzdetail, Nähanfänger können natürlich auf sie verzichten. Auch aus unifarbenem Jersey mit einem Bündchen in einer Kontrastfarbe sieht dieser Rock super aus.

MATERIAL

- Baumwolljersey, 140 cm breit, 45 cm lang (Stoff 1, für den Rock)
- Baumwolljersey, 140 cm breit, 20 cm lang (Stoff 2, für die Tasche)
- Bündchen, 50 cm lang, im Schlauch gestrickt oder 140 cm breit
- gefüllte Paspel, farblich passend, 150 cm lang
- farblich passendes Garn

SO WIRD'S GEMACHT

MESSEN:

- Taillenumfang und Hüftumfang messen. Die Rocklänge beträgt ca. 62 cm.

ZUSCHNEIDEN (ABB. 1):

aus Stoff 1:

2x Rockteil:

Länge: 45 cm, A: Breite = 1/2 Hüftmaß + 5 cm

aus Stoff 2:

1x Tasche:

Länge: 20 cm, Breite = A, an der oberen Kante die Tascheneingriffe gleichmäßig gerundet ausschneiden (Tascheneingriff: Länge ca. 9 cm, Breite ca. 13 cm)

Bündchen:

Die Rippen müssen wie in Abb. 1 eingezeichnet verlaufen.

1x Taillenbündchen: Länge: 26 cm, B: Breite = Taillenmaß

1x Saumbündchen: Länge: 13 cm, C: Breite = zwischen 70 cm und 80 cm, je nach Stärke der Oberschenkel (passende Länge mit einem Stück des Bündchens ermitteln)

2x Bündchen für die Tascheneingriffe: Länge: 4 cm, D: Breite = Tascheneingriff entlang Rundung gemessen x 0,7

Die Nahtzugaben sind bei allen Teilen inklusive und betragen 7 mm für alle Nähte.

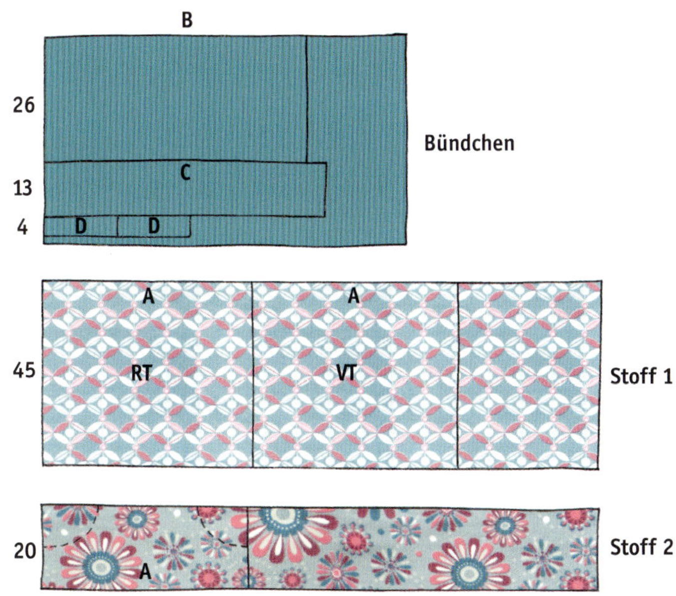

– ABB. 1 –

HINWEIS

Der Jerseyrock kann, außer beim Anbringen der Paspeln, mit einer Overlockmaschine gekettelt werden. Falls Sie keine Overlockmaschine haben, arbeiten Sie mit einem elastischen Stretchstich oder einer Zickzacknaht. Achten Sie darauf, dass Sie den Stoff beim Nähen nicht dehnen, damit er nicht ausleiert.

SPORTLICHER JERSEYROCK

1. Das Paspelband auf die rechte Stoffseite der Taschenunterkante und der Tascheneingriffskanten der Tasche stecken, alle offenen Kanten sind dabei nach außen gerichtet. Die Paspeln mit einer geraden Naht so nah wie möglich an der Paspelfüllung annähen, dafür ein schmales Reißverschlussfüßchen benutzen (Abb. 2a, pinkfarbene Paspeln). Die Bündchen für die Tascheneingriffe mittig der Länge nach bügeln und über die Paspel stecken, dann unter etwas Zug exakt in der ersten Naht annähen (Abb. 2b, grünes Bündchen). Anschließend die Tascheneingriffskanten und die Unterkante der Tasche versäubern und bügeln.

– ABB. 2 –

2. Die Nahtzugaben der Tascheneingriffe mit einer knappkantigen Steppung am Taschenstoff ansteppen. Die Tasche auf das Vorderteil des Rocks stecken, dabei die Nahtzugabe der Unterkante nach innen klappen. Die Tasche knappkantig entlang der Seiten, der Unterkante und der Oberkante aufnähen (Abb. 2c, gestrichelte gelbe Linie).

3. Die Seitennähte von Vorder- und Rückteil rechts auf rechts schließen. Taillen- und Saumbündchen jeweils parallel zu den Rippen an den kurzen Seiten rechts auf rechts zum Ring schließen. Die Bündchen links auf links ringsherum mittig falten. Die Strecken rings um Bündchen und Rock jeweils in vier gleich große Teile unterteilen und diese Punkte mit Nadeln markieren. Die Bündchen über den Rock stülpen, die Bündchen liegen dabei auf der rechten Stoffseite. Alle offenen Kanten sind nach außen gerichtet. Die Naht des Bündchens an der hinteren Mitte platzieren. Die markierten Viertel aufeinanderstecken. Die Überweite des Rocks gleichmäßig ringsherum verteilen und mit Nadeln fixieren (Abb. 3). Die Bündchen unter gleichmäßigem Zug rundum annähen.

– ABB. 3 –

HINWEIS

Nach Wunsch verlängert wird das Shirt schnell zum Strandkleid. Dafür muss die gesamte Breite (Nahtzugabe inbegriffen) von Vorder- und Rückteil mindestens Ihrem Hüftmaß + 10 cm entsprechen.

SHIRT MIT U-BOOT-AUSSCHNITT

SCHWIERIGKEITSGRAD: ★☆☆

Dieses Shirt wird bestimmt Ihr nächstes Lieblingsteil! Durch den geraden Schnitt und die geschlitzten Schultern fällt das Shirt besonders lässig und ist der perfekte Begleiter an sommerlichen Tagen. Optimal sind eine fließende Viskose oder weich fallende Mikrofaser.

MATERIAL

- Viskose- oder Mikrofaserstoff, 140 cm breit, 70 cm lang
- farblich passendes Garn

SO WIRD'S GEMACHT

MESSEN:
- Strecke Schulter bis Beckenknochen
- Brustumfang

ZUSCHNEIDEN (ABB. 1):

2x Vorder- bzw. Rückenteil:
A: Länge = Schulter bis Beckenknochen + 5,5 cm
B: Breite = Brustumfang : 2 + 10 cm

Die Nahtzugaben sind inklusive und betragen 1,5 cm, die Saumzugabe beträgt 4 cm.

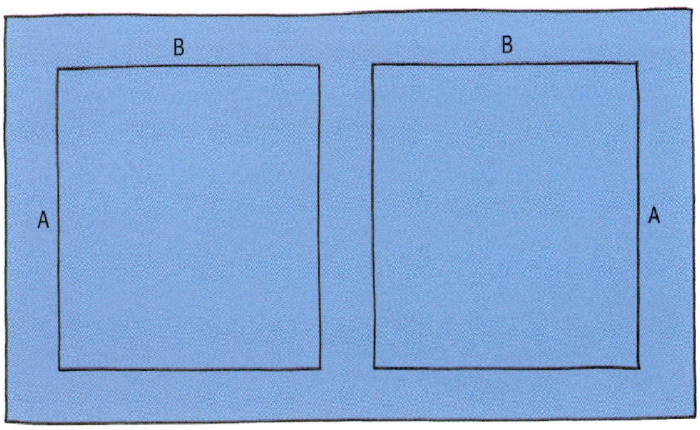

– ABB. 1 –

SHIRT MIT U-BOOT-AUSSCHNITT

1. Die beiden Teile rechts auf rechts legen und an der Oberkante von der Mitte der Strecke B aus je 13 cm zu den Seiten hin abmessen. Von diesem Punkt aus je 2,5 cm Richtung Seite schließen. Von der Mitte aus 5 cm nach unten messen (Strecke C, Abb. 2). Über diesen Punkt den Ausschnitt mit einem flachen, symmetrischen Bogen an Vorder- und Rückenteil ausschneiden.

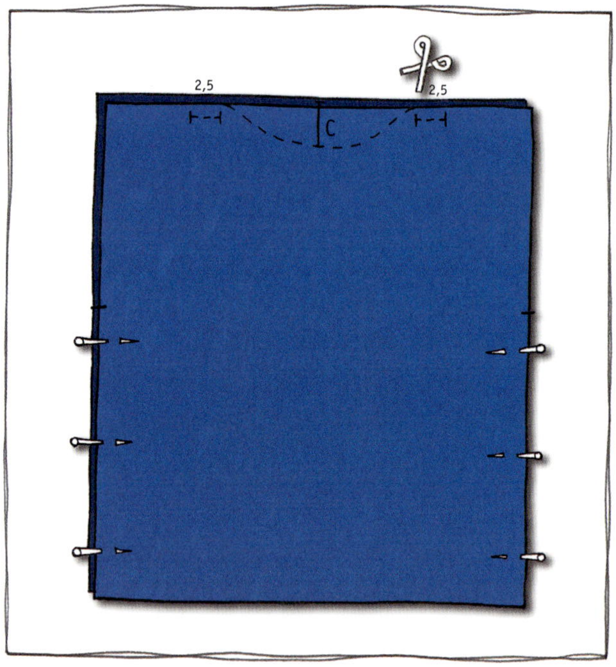

– ABB. 2 –

– ABB. 3 –

2. Die Seitennähte 34 cm, vom Saum aus beginnend, schließen. Das Top anprobieren, den Ausschnitt und das Armloch kontrollieren und eventuell anpassen.

3. Die Nahtzugaben der Seiten- und Schulternähte auseinanderbügeln und die Stoffaußenkante dabei nach innen unterschlagen. Die Ausschnittkanten und die Seitenkanten dem Verlauf der Naht folgend doppelt einschlagen und bügeln (Abb. 3). Die eingeschlagenen Stoffkanten füßchenbreit absteppen.

4. Den Saum zweimal 2 cm nach innen bügeln und absteppen.

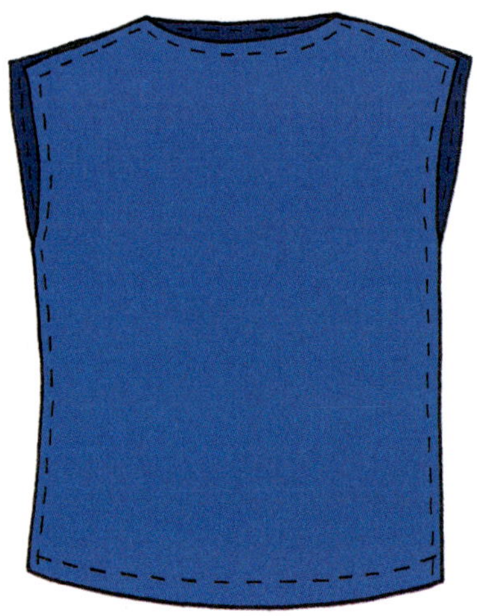

SOMMERTOP

SCHWIERIGKEITSGRAD: ★★★

Das luftige Sommertop hat durch die gelegten Falten an den Schultern einen besonders schönen Fall und kann durch die leichte Weite wunderbar zu taillierten Röcken, aber auch zu verschiedenen Hosentypen gestylt werden. Der Stoff sollte fließend sein. Es eignet sich Viskose oder, für festliche Anlässe, Seidensatin.

MATERIAL

- Viskosestoff, 140 cm breit, 70 cm lang
- farblich passendes Garn

SO WIRD'S GEMACHT

MESSEN:

- Strecke Schulter bis Beckenknochen
- Brustumfang

ZUSCHNEIDEN (ABB. 1):

4x Vorder- bzw. Rückenteil:

A: Länge = Schulter bis Beckenknochen + 4 cm
B: Breite = Brustumfang : 4 + 5 cm

Die Nahtzugaben sind inklusive und betragen 1,5 cm, die Saumzugabe beträgt 3 cm.

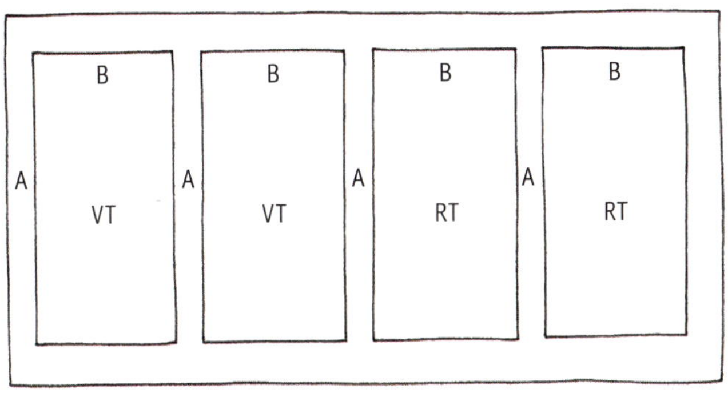

– ABB. 1 –

SOMMERTOP

1. Bei jedem der vier Teile an einer kurzen Seite zwei Falten stecken. Bei zwei Teilen müssen die Falten gleich gesteckt sein, die Falten der beiden anderen Teile werden gegengleich gesteckt. Die Falten beginnen 3,5 cm von der Ausschnittkante entfernt, der Falteninhalt beträgt je 5 cm (Abb. 2a). Die Falten mit einer knappkantigen Naht vorfixieren, dann die Schulternähte rechts auf rechts schließen. Die Falten von Vorder- und Rückenteil sollten sich jeweils genau an der Naht treffen Das Top über die Schultern legen und den Fall der Falten prüfen, die Falten eventuell korrigieren. Anschließend die Nahtzugaben zusammen versäubern und zu einer Seite bügeln.

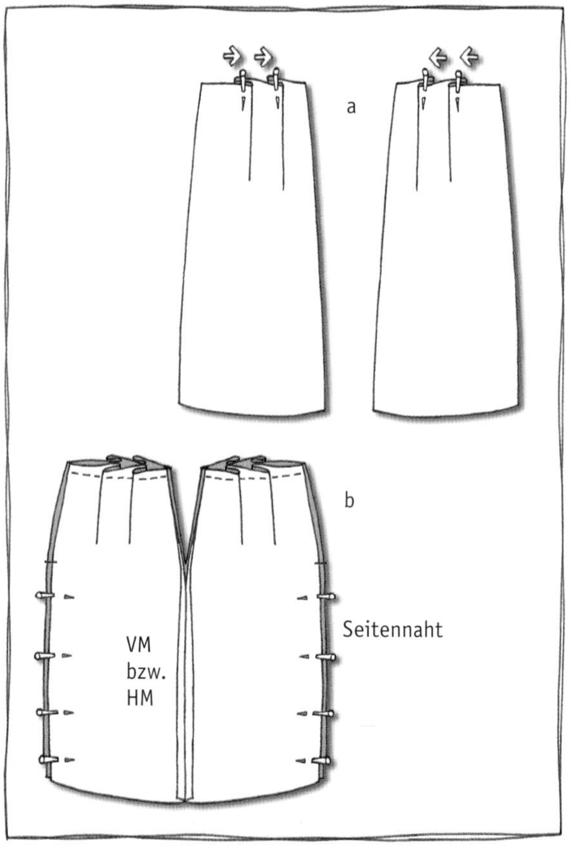

– ABB. 2 –

2. Die vordere und die hintere Mitte vom Saum beginnend jeweils 34 cm weit schließen. Die Seitennähte je 33 cm weit vom Saum beginnend schließen. Die Stoffe liegen dabei rechts auf rechts (Abb. 2b).

– ABB. 3 –

3. Das Top anprobieren, die Tiefe des Ausschnitts kontrollieren und eventuell anpassen. Den Armausschnitt abstecken, dabei eine Nahtzugabe von 1,5 cm einplanen (Abb. 3a). Falls der Stoff an der Brust falten wirft, einen Abnäher abstecken und anschließend abnähen. Anschließend den Armausschnitt entsprechend der Markierung ausschneiden (Abb. 3b).

4. Die Nahtzugaben von Seitennähten, vorderer und hinterer Mitte auseinanderbügeln, die Stoffkanten dabei jeweils nach innen unterschlagen. Die Kanten von Hals- und Armausschnitten im Verlauf der Naht anschließend doppelt einschlagen und bügeln. Die eingeschlagenen Stoffkanten füßchenbreit absteppen (Abb. 4).

5. Den Saum zweimal 1,5 cm nach innen bügeln und absteppen.

– ABB. 4 –

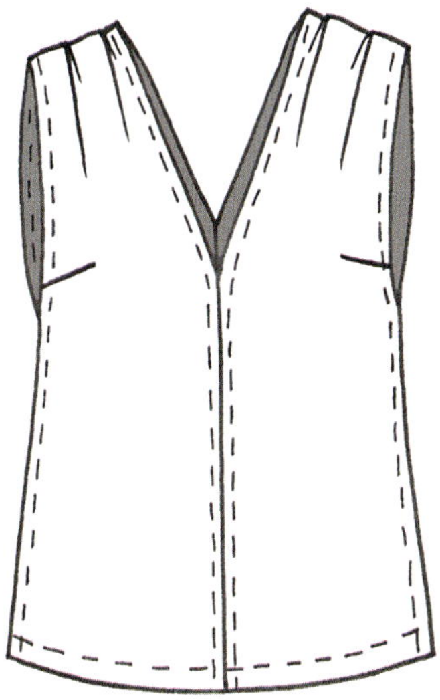

TIPP

Bei etwas breiteren Hüften sollten die vier Teile des Tops nach unten hin gleichmäßig etwas breiter zugeschnitten werden. Die addierten Maße der unteren Kanten (Nahtzugaben inbegriffen) sollten Ihr Hüftmaß + 10 cm ergeben.

LÄSSIGER CARDIGAN

SCHWIERIGKEITSGRAD: ★☆☆

Der gerade geschnittene Cardigan mit überschnittenen Schultern lässt sich sowohl zu engen Röcken als auch zu Jeans und T-Shirt kombinieren. In einer knalligen Farbe genäht, peppt er jedes Outfit auf. Entlang der Blendenkante können Sie nach Wunsch als kleines Detail ein passendes Zierband aufsetzen. Geeignet sind dünne Strickstoffe oder kuscheliger Jacquardjersey.

MATERIAL

- leichte Strickware oder Jacquardjersey, 140 cm breit, 160 cm lang
- optional: passendes Zierband, ca. 7 mm–1,5 cm breit, 150 cm lang
- farblich passendes Garn

SO WIRD'S GEMACHT

MESSEN:
- Strecke Schulter bis Schritt
- Rückenbreite
- Strecke Schulter bis Handgelenk
- Umfang Oberarm

ZUSCHNEIDEN (ABB. 1):

1x Rückenteil:

A: Länge = Schulter bis Schritt + 3 cm
B: Breite = Rückenbreite + 8 cm

2x Vorderteil:

A: Länge Rückenteil
C: Breite = 1/2 Rückenteilbreite (B) – 10 cm

2x Ärmel:

D: Länge = Schulter bis Handgelenk – 3 cm (überschnittene Schulter) + 3 cm Nahtzugabe

E: Breite = Umfang Oberarm + 6 cm

1x Blende:

F: Länge = (2x [A – 14 cm]) x 0,8
G: Breite = 10 cm

Alle Nahtzugaben sind inklusive und betragen 1 cm, die Saumzugaben betragen 2 cm.

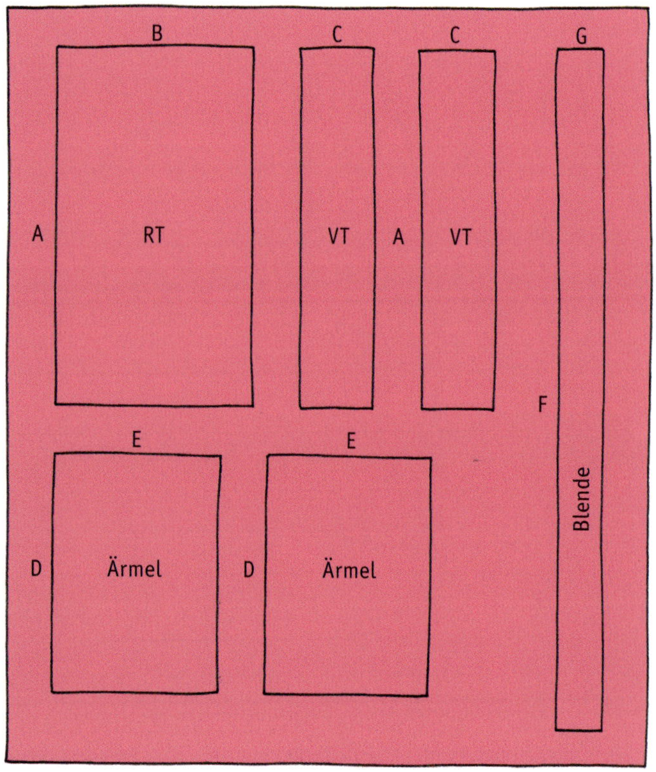

– ABB. 1 –

LÄSSIGER CARDIGAN

1. Die Vorderteile rechts auf rechts mit bündigen Außenkanten auf das Rückenteil legen und jeweils entlang der kurzen Kante die Schulternähte schließen und versäubern (Abb. 2 a). Die Mitte der Strecke E der Ärmel markieren und rechts auf rechts auf das Ende der Schulternähte stecken. Vorder- und Rückenteil sind dabei aufgeklappt. Die gesamte Strecke E an die Außenkante von Vorder- und Rückenteil nähen und versäubern (Abb. 2 b).

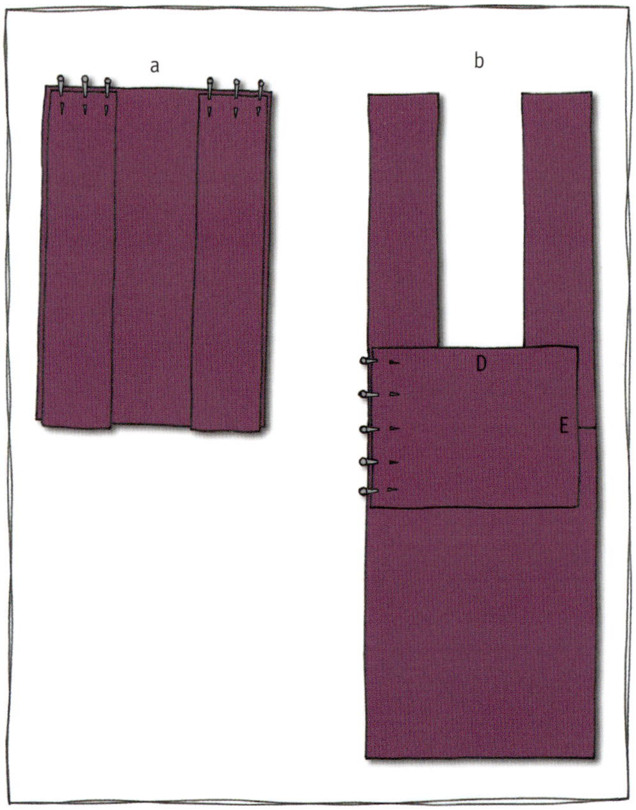

– ABB. 2 –

2. Beide Seiten- und Ärmelnähte mit einer Naht rechts auf rechts schließen und versäubern (Abb. 3). Die Nahtzugaben nach jedem Nähschritt zu einer Seite bügeln.

3. Die Saumkanten versäubern und je 2 cm nach innen bügeln.

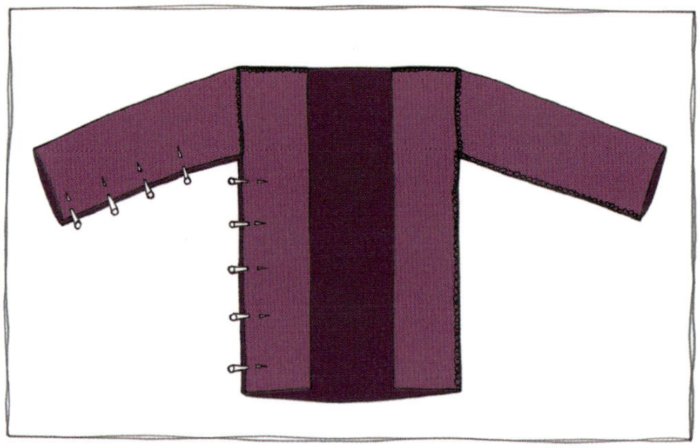

– ABB. 3 –

4. Die Blende rechts auf rechts falten und die kurzen Seiten jeweils parallel zur kurzen Kante zusammennähen, dann die Blende umstülpen und bügeln.

5. Die Blende je 2 cm von der Saumkante entfernt, direkt am Bügelfalz beginnend, rechts auf rechts entlang der Vorderkante und des rückwärtigen Halslochs stecken, dabei die Überweite der Blende gleichmäßig im Halslochbereich und entlang der vorderen Kanten verteilen. Den umgebügelten Saum nach außen über die Blende schlagen (Abb. 4). Die Blende unter leichtem Zug annähen und versäubern. Die untere Kante umstülpen, sodass die Saumzugabe wieder innen liegt.

– ABB. 4 –

Falls die Blende nach außen klappen sollte, die Nahtzugaben auf dem Vorder- und Rückenteil entlang der Nahtkante absteppen.

6. Optional: Das Zierband entlang der Blendenkante aufstecken, die Enden sauber einschlagen und annähen.

7. Die Säume entweder mit dem unsichtbaren Hohlsaumstich per Hand oder mit einem elastischen Stich ringsherum annähen.

WICHTIG

Da der Cardigan aus elastischem Material gefertigt werden sollte, müssen alle Nähte mit der Overlockmaschine oder einem elastischen Stich und Zickzackstich genäht werden.

Autorin: Yvonne Reidelbach/www.kinkibox.de

Fotos:
Ullrich Alber (alle Modellfotos)
Jochen Arndt (Step-Fotos S. 6–14)
Colya Kärcher (Step-Foto S. 13 u. re.)
Fotolia.com: © ludmilafoto (S. 7 o.)

Illustrationen:
Viktoria Boldt (alle farbigen Schemazeichnungen sowie Illustrationen der fertigen Modelle)
Fotolia.com: © Milta (Icons „Nähmaschine", „Kleid", „Rock" und „Oberteil")